El Espejo Oculto
La Verdad Sobre el Clon Astral

Allan Shepard

Booklas Publishing — 2025
Obra escrita originalmente en 2023

Título original: *The Hidden Mirror – The Truth About the Astral Clone*
Copyright © 2025, publicado por Luiz Antonio dos Santos ME.
Este libro es una obra de no ficción que explora conceptos y prácticas en el ámbito del desarrollo espiritual y energético. A través de un enfoque profundo y experiencial, el autor ofrece herramientas prácticas para identificar, comprender y neutralizar fenómenos sutiles que afectan la integridad del ser, como el clon astral.

1ª Edición
Equipo de Producción
Autor: Allan Shepard
Editor: Luiz Santos
Portada: Studios Booklas / Marcelo Figueroa
Consultor: Inés Valverde
Investigadores: Ciro Naranjo / Elia Ramírez / Tomás Veyra
Diagramación: Lucía Ferrán
Traducción: Mateo Cienfuegos

Publicación e Identificación
El Espejo Oculto
Booklas, 2025
Categorías: Esoterismo / Desarrollo espiritual
DDC: 133.9 – **CDU:** 133.5

Todos los derechos reservados a:
Luiz Antonio dos Santos ME / Booklas Publishing
Ninguna parte de este libro puede ser reproducida, almacenada en un sistema de recuperación ni transmitida por ningún medio —electrónico, mecánico, fotocopia, grabación u otro— sin la autorización previa y expresa del titular de los derechos de autor.

Contenido

Prólogo 5
Capítulo 1 El Clon Astral 8
Capítulo 2 Cuerpos Sutiles 16
Capítulo 3 Doble Espiritual 23
Capítulo 4 Sabiduría Hermética 31
Capítulo 5 Visión Teosófica 39
Capítulo 6 Magia del Caos 46
Capítulo 7 Perspectiva Chamánica 53
Capítulo 8 Visión Espírita 60
Capítulo 9 Formas de Pensamiento 68
Capítulo 10 Causas Internas 75
Capítulo 11 Causas Externas 82
Capítulo 12 Trauma y Fragmentación 89
Capítulo 13 Magia Negativa 95
Capítulo 14 Vínculo Energético 102
Capítulo 15 Drenaje Vital 109
Capítulo 16 Influencia Mental 116
Capítulo 17 Parásito Astral 124
Capítulo 18 Señales Físicas 132
Capítulo 19 Señales Psíquicas 139
Capítulo 20 Detección Espiritual 147
Capítulo 21 Preparación Inicial 154
Capítulo 22 Limpieza Espiritual 161
Capítulo 23 Ritual de Destierro 168
Capítulo 24 Protección Espiritual 175

Capítulo 25 Ayuda Espiritual 182
Capítulo 26 Cura Chamánica 189
Capítulo 27 Ritual Mágico 195
Capítulo 28 Técnica Apométrica 201
Capítulo 29 Reintegración Interna 208
Capítulo 30 Cuidados Finales 214
Capítulo 31 Liberación Completa 221
Epílogo 228

Prólogo

Hay momentos en que todo se tuerce. Los caminos que antes eran claros se vuelven turbios, las emociones se revuelven sin explicación, y el cansancio —físico, mental y espiritual— se instala como una niebla persistente. Muchos intentan justificarlo: estrés, mala suerte, ciclos negativos. Pero, ¿y si la verdad fuera más profunda, más antigua, más invisible? ¿Y si lo que opera en tu contra no fuera un factor externo... sino un reflejo oculto que vibra en las sombras de tu propio campo energético?

Este libro, que ahora descansa en tus manos, no es un tratado teórico. Es un mapa —detallado, revelador y urgente— para entender la existencia de un fenómeno tan real como desconocido: el clon astral. Una réplica energética que, una vez formada, no solo influye en tu vida... sino que vive *a través* de ella.

Sí, puede haber sido creado por ti, sin intención, en momentos de dolor, rabia o trauma. Pero hay algo aún más inquietante: el clon astral también puede ser forjado por alguien que desea tu mal. Un ser de intención perversa, que moldea tu energía y la transforma en una copia tuya, usada como instrumento de sabotaje espiritual.

¿Parece imposible? No lo es. Desde hace milenios, tradiciones ocultas y escuelas iniciáticas reconocen la existencia de fragmentos astrales semiautónomos, creados por voluntad ajena para espiar, influenciar, enfermar o manipular. Y lo más cruel: al ser atacados, castigados o usados, el impacto reverbera directamente en ti. Como un muñeco vudú conectado a tu esencia, esta réplica sufre —y tú sufres con ella.

Pero entonces, ¿por qué nadie habla de esto? Porque el mundo moderno se desconectó de los misterios que sostienen la verdadera naturaleza del ser. Ignoramos lo invisible. Nos reímos de lo espiritual. Y, en esa risa escéptica, entregamos nuestras defensas a la propia sombra que juramos que no existe.

No te engañes: ignorar al clon astral no lo hace desaparecer. Solo lo vuelve más fuerte.

Este libro trae una alerta, pero también una llave. Aquí descubrirás: Cómo se crea un clon astral —por ti o por otros; Cómo identificarlo en tu vida a través de señales físicas, mentales y espirituales; Cómo disolver esta presencia sutil antes de que te consuma.

Es necesario entender: si todo va mal, si los patrones se repiten, si sientes una presencia extraña dentro de ti, algo está fuera de lugar. Y, muy probablemente, ese "algo" tiene tu rostro.

No se trata de superstición. Se trata de reconocer que eres un ser multidimensional, con capas de existencia que se expanden más allá del cuerpo físico. Y en esas capas, pensamientos, emociones e intenciones se cristalizan. Toman forma. Actúan.

El clon astral es uno de esos frutos. Nace, crece... y, si no se comprende, aprisiona.

Pero hay una salida. Un viaje de reconexión, de purificación y de reintegración. El conocimiento contenido en las próximas páginas no solo explica el fenómeno —te ofrece herramientas reales para enfrentarlo. Para retomar el control de tu energía, de tu alma y de tu existencia.

Por lo tanto, lee con atención. Lee con el corazón despierto. Porque quizás —solo quizás— la llave para liberarte de todo lo que ha ido mal en tu vida... esté aquí.

Este no es solo un libro. Es un espejo. Y ha llegado la hora de mirarte sin miedo.

Luiz Santos Editor

Capítulo 1
El Clon Astral

La existencia de una réplica energética que coexiste con el ser humano en otra franja de realidad es un fenómeno que trasciende las concepciones tradicionales de la individualidad. Esta duplicación, aunque imperceptible a los sentidos físicos, está intrínsecamente ligada a la constitución más profunda del ser, manifestándose como una extensión del psiquismo en un plano no material. El Clon Astral, como es conocido en las tradiciones esotéricas, no representa solo una curiosidad metafísica, sino una realidad con implicaciones directas sobre el equilibrio emocional, energético y espiritual del individuo. Surge a partir de la condensación de aspectos internos no integrados, reflejando, con intensidad variable, rasgos, deseos, temores y patrones psíquicos del originador. Es una expresión viva de fragmentos del alma o de la mente que, por alguna razón, escaparon de la unidad del yo consciente y pasaron a actuar de forma autónoma en un campo vibracional paralelo.

Este tipo de duplicación no es fruto de la ciencia o de la ingeniería genética, sino de la dinámica energética y espiritual que envuelve a cada ser humano. Así como el pensamiento moldea realidades en el plano sutil, las emociones intensas y recurrentes pueden, con el tiempo, dar forma a entidades semimateriales que cargan la firma energética de quien las generó. El clon astral es una de esas formas: más denso que un pensamiento, pero más sutil que la materia física. Puede surgir en momentos de desequilibrio emocional, traumas profundos, prácticas espirituales desordenadas o incluso por influencia externa, cuando fuerzas intencionales actúan sobre la matriz energética del individuo. Su constitución, aunque sutil, es suficientemente estructurada para permitirle interactuar con el ambiente astral, con otras entidades, e incluso con el plano físico, a través de la influencia indirecta sobre su creador.

El impacto de la existencia de un clon astral es amplio y multifacético. Al mantenerse vinculado a su originador a través de una conexión energética permanente, influye directamente en los estados mentales, emocionales y espirituales del individuo, muchas veces sin que este perciba el origen de los disturbios que enfrenta. Esta conexión es similar a un flujo bidireccional, donde impresiones e impulsos transitan constantemente entre el original y su réplica. La intensidad de este intercambio depende del nivel de conciencia del creador sobre el fenómeno y del grado de autonomía que el clon haya desarrollado. En casos más avanzados, el clon puede actuar con voluntad propia, interfiriendo en las decisiones y emociones del individuo, como si fuera un reflejo inconsciente cobrando vida propia. Identificarlo, comprenderlo e integrarlo se convierte, por tanto, en un paso esencial en el camino del autoconocimiento y la armonización interior. Se trata de reconocer que el mundo sutil no es una fantasía, sino una extensión legítima de la realidad, donde fragmentos olvidados de nosotros mismos aguardan, silenciosos, la oportunidad de ser escuchados.

A diferencia del clon científico, hecho a partir de material genético, moldeado en laboratorios y cargado de implicaciones éticas y biológicas, el clon astral no depende de células, ADN o incubadoras. Su sustancia es más sutil, compuesta de materia astral o mental, y su origen se da por vías desconocidas para la mayoría. Este ser, a veces, ni siquiera es percibido por su creador. Surge espontáneamente o, en algunas ocasiones, es forjado por fuerzas que escapan al dominio humano. Su presencia, sin embargo, es tangible en los efectos que produce, reverberando sensaciones, pensamientos y estados emocionales que escapan a la lógica común.

El clon astral, al formarse, mantiene un vínculo invisible con su originador. Este lazo energético, a menudo comparado con el cordón de plata de la proyección astral, sirve como un canal de comunicación e influencia mutua. No se trata de un ser completamente autónomo, pero tampoco es totalmente sumiso. Existe en un punto intermedio entre la obediencia y la independencia, un reflejo animado por partes del psiquismo del original, que, al ganar cuerpo en el plano astral, pasa a tener acción propia.

En las tradiciones místicas, hay largas descripciones sobre entidades que se asemejan al clon astral. La Cábala, por ejemplo, habla del *dybbuk* – una entidad que puede poseer o imitar un alma humana. En el Antiguo Egipto, el *Ka* era un doble espiritual que seguía al individuo durante la vida y después de la muerte, con rituales propios para su nutrición y tranquilidad. Ya en la India védica, el concepto del "Sharira" apunta a múltiples cuerpos del ser humano, siendo uno de ellos el cuerpo astral, susceptible al desdoblamiento y a formas independientes que pueden asumir características similares a las del clon.

Aunque la noción de un "otro yo" pueda parecer, a primera vista, algo fantasioso, la experiencia humana muestra que hay más entre el cielo y la tierra de lo que suponen los sistemas de pensamiento cartesianos. ¿Cuántas veces alguien siente que está siendo observado, pero al volver no hay nadie? ¿Cuántas personas han narrado haberse visto a sí mismas en sueños o visiones, en actos que nunca realizaron conscientemente? Estos relatos, por más difusos que parezcan, apuntan a un fenómeno persistente en la psique colectiva: la existencia de un otro, reflejado en nosotros, pero actuando bajo leyes propias.

En el plano astral, donde el tiempo y el espacio son plásticos y moldeables al pensamiento, el clon puede asumir formas múltiples. En algunos casos, parece idéntico al cuerpo físico. En otros, puede surgir distorsionado, cargando en su apariencia simbologías de los estados emocionales de su creador: sombras, cicatrices, colores inusuales. Estas señales son más que adornos visuales – son registros vivos de la energía que lo generó. Un clon astral nacido de la rabia puede parecer amenazador, mientras que uno originado del miedo puede ser frágil, fustigado por temblores constantes. Pero, en todos los casos, representa un aspecto real, aunque oculto, del ser que le dio origen.

Hay un misterio profundo en torno al modo en que estos clones son generados. Algunas líneas esotéricas afirman que todo ser humano crea formas astrales inconscientemente, con base en sus pensamientos y emociones. La diferencia entre estas formas-pensamiento y el clon astral radicaría en el grado de complejidad y vínculo. El clon no es una mera idea flotante: es un fragmento animado, un pedazo del self dotado de movimiento e intención, aunque sea rudimentaria. En algunas situaciones, esta entidad es capaz de interactuar con otras en el plano astral, establecer vínculos, aprender, e incluso, en casos extremos, actuar contra los intereses de su creador.

El peligro del clon astral reside justamente en esa autonomía creciente. Cuando no es identificado, continúa absorbiendo energía vital del original, como una planta parásita que, a pesar de parecer inofensiva, poco a poco sofoca al árbol que la alberga. Sensaciones de cansancio inexplicable, cambios súbitos de humor, sueños vívidos con dobles, sensaciones de estar "fuera de sí" o incluso pequeños lapsus de memoria pueden ser señales sutiles de su presencia. Muchas veces, el individuo no percibe que está siendo influenciado por una réplica que vive en otra dimensión, pero que, a través del lazo energético, envía impulsos e interferencias constantes.

Además de los casos de surgimiento espontáneo, hay situaciones más graves en las que el clon astral es creado por terceros. Espíritus obsesores, magos negativos o entidades extrafísicas pueden manipular la estructura sutil de una persona para extraer un fragmento de su energía y moldearlo en una réplica. Esta copia, entonces, es programada para objetivos específicos: espionaje astral, manipulación psíquica, drenaje energético. En rituales de magia de baja vibración, esta práctica es conocida como duplicación parasitaria. El clon se convierte en un canal por donde el manipulador accede e influencia a la víctima, sin que ella perciba el origen de los pensamientos y emociones que pasan a dominarla.

La existencia del clon astral no está restringida a individuos espiritualmente vulnerables o en desequilibrio. Incluso personas con gran desarrollo espiritual pueden experimentar este fenómeno, especialmente cuando lidian con emociones intensas no resueltas. La diferencia está en la capacidad de identificación y resolución. Un practicante consciente puede percibir la réplica y reintegrarla, disolviendo el vínculo o curando la parte de sí que fue proyectada. Ya alguien desprevenido tiende a sufrir las consecuencias sin comprender las causas, convirtiéndose en rehén de un reflejo que debería ser solo una señal, y no una prisión.

El vínculo entre el clon y el original es uno de los aspectos más fascinantes y peligrosos del fenómeno. Funciona como una arteria energética, por donde fluyen emociones, memorias y sensaciones. El clon, por ser un pedazo del ser, está naturalmente sintonizado con sus frecuencias. Cuando el creador siente rabia, el clon vibra en rabia. Cuando siente dolor, el clon reverbera ese dolor. El problema es que este flujo también ocurre en sentido inverso. Si el clon es atacado en el plano astral, el original puede sentir dolor físico o emocional. Si el clon interactúa con entidades nocivas, el huésped puede ser afectado psicológicamente, sin saber de dónde viene la perturbación. Este cordón de conexión es tanto un canal como una prisión, exigiendo manejo preciso para que no se convierta en un camino de autodestrucción.

En algunas tradiciones esotéricas, el clon astral es visto como una oportunidad. Puede ser comprendido como un espejo evolutivo, una chance de confrontar partes negadas de sí mismo. En lugar de simplemente destruirlo, algunos maestros enseñan a dialogar con el clon, entender sus motivaciones y disolver la energía que lo anima por medio de la integración. Esto, sin embargo, exige un grado elevado de autoconocimiento y dominio espiritual, ya que el clon tiende a resistir la reintegración, buscando mantener su existencia por instinto energético. No es raro que intente ocultarse en el plano astral, se disfrace o incluso mienta a entidades sensibles que intentan capturarlo. Quiere sobrevivir – y esa voluntad lo acerca, peligrosamente, a un ser con rudimentos de conciencia.

Al final, el clon astral es un fenómeno que exige mirada atenta, disciplina interior y profundo respeto por la realidad de los planos sutiles. Ignorarlo no lo hará desaparecer. Por el contrario: al negar su existencia, la persona solo cede más terreno para que actúe en su campo sutil. Reconocer su presencia es el primer paso para comprender lo que representa: una parte de sí, desplazada, buscando sentido y supervivencia. Sea como reflejo inconsciente, creación maliciosa o fragmento emocional proyectado, el clon astral es siempre un aviso de que hay algo en desarmonía. Y donde hay desarmonía, hay también la posibilidad de cura – siempre que se tenga coraje de enfrentar la propia sombra, aunque tenga tu rostro.

Capítulo 2
Cuerpos Sutiles

La comprensión del ser humano exige una inmersión más allá de la materia tangible, revelando una constitución más amplia e intrincada que trasciende los límites del cuerpo físico. La verdadera naturaleza humana se expresa en múltiples dimensiones de existencia, cada una regida por leyes específicas y vibrando en frecuencias distintas, componiendo un organismo multidimensional en constante interacción. No se trata solo de reconocer que hay más de lo que los ojos pueden ver, sino de admitir que la experiencia humana está sustentada por una compleja arquitectura energética. Esta arquitectura está formada por cuerpos sutiles que coexisten con el cuerpo físico y que, a pesar de ser invisibles, influencian directamente nuestros estados emocionales, mentales y espirituales. Esta realidad energética no es metafórica, sino concreta en su propio dominio, estructurándose en niveles interdependientes que, juntos, forman lo que se puede llamar la identidad total del ser.

La estructura sutil que envuelve y permea el cuerpo físico está compuesta por capas que se interpenetran, funcionando como canales de comunicación entre el mundo material y los planos más elevados de conciencia. Cada cuerpo sutil desempeña funciones específicas, siendo responsable de captar, procesar y distribuir energías provenientes del universo y de la propia esencia espiritual del individuo. Esta multiplicidad fue reconocida por diferentes tradiciones a lo largo de la historia, que, a pesar de sus divergencias culturales, convergieron en la percepción de que el ser humano es mucho más que carne y hueso. Del Egipto antiguo a la India védica, de la filosofía hermética a las doctrinas espirituales contemporáneas, emerge la idea de que la individualidad se manifiesta en varias capas vibracionales, donde cada cuerpo sutil refleja una faceta del alma en su proceso de evolución y aprendizaje. Tales cuerpos, aunque distintos, no están aislados, sino que se comunican y reaccionan en sincronía, como engranajes de un mismo mecanismo cósmico.

El entendimiento profundo de estos cuerpos sutiles no solo ilumina la dinámica interna del ser, sino que también ofrece las claves para interpretar fenómenos espirituales que, a primera vista, podrían parecer inexplicables. Desequilibrios en uno de estos niveles, por ejemplo, no se restringen al campo energético; reverberan en las emociones, en el pensamiento e incluso en la salud física. Cuando hay armonía entre los cuerpos, el ser actúa en plenitud, orientado por su centro de conciencia superior. Sin embargo, cuando hay fisuras —provocadas por traumas, emociones reprimidas o prácticas espirituales irresponsables—, esta cohesión se rompe, y fragmentos de la psique pueden despegarse, originando formas autónomas de existencia en el plano sutil. Es en este punto donde se abre espacio para el surgimiento de entidades como el clon astral, cuya comprensión solo se vuelve posible mediante el reconocimiento de la complejidad de estos cuerpos invisibles. Así, el estudio de los cuerpos sutiles se presenta no solo como una investigación metafísica, sino como una necesidad vital para quien busca comprender los desdoblamientos ocultos de la propia existencia.

El concepto de clon astral no puede ser siquiera rozado sin que antes se comprenda esta multiplicidad. La idea de cuerpos sutiles es antigua, rescatada de tradiciones que trascienden religiones y geografías. Egipcios, hindúes, hebreos, griegos, tibetanos, alquimistas medievales y místicos modernos —todos, en sus respectivos lenguajes, trataron estas estructuras invisibles que, juntas, forman el ser integral. Cada una opera en una frecuencia específica y responde a leyes propias, conectando al individuo a diferentes planos de realidad.

El cuerpo físico es el más denso y el más limitado. Sumiso al tiempo, al espacio y a la gravedad, es también el más efímero. Pero envuelto en él, está lo que se ha convenido en llamar doble etérico —una réplica energética del cuerpo biológico, cuyas funciones primordiales incluyen la captación y la distribución de la energía vital, el prana, el chi. Es en este nivel donde los acupunturistas actúan al manipular los meridianos, y es aquí donde se encuentran los chakras, vórtices de energía que regulan la armonía entre los niveles físico y no físico.

Por encima del doble etérico vibra el cuerpo astral. Este es el verdadero campo de experiencias emocionales. Toda emoción, antes de manifestarse en expresiones corporales o en impulsos mentales, reverbera en este cuerpo. No es solo un almacén de sentimientos, sino también un vehículo de proyección: es con él que la conciencia se mueve durante los sueños lúcidos, en las experiencias fuera del cuerpo, en los viajes astrales. Es en él donde ocurren encuentros con entidades espirituales y donde la realidad asume una plasticidad moldeable por la voluntad y la creencia.

Más elevado aún está el cuerpo mental. Aquí residen los pensamientos, las ideas, los razonamientos, pero también las obsesiones, los patrones repetitivos y las construcciones mentales que pueden asumir vida propia. Cuando un pensamiento es cargado de emoción y sustentado por tiempo suficiente, gana densidad en el cuerpo mental y pasa a influenciar los demás niveles. A partir de este punto, comienza a delinearse la posibilidad de algo más: un fragmento, una copia, un doble —el embrión de un clon astral.

En el Espiritismo, Allan Kardec sintetizó estos cuerpos sutiles bajo el término "periespíritu". Para él, se trata del lazo entre el espíritu inmortal y el cuerpo físico, una envoltura semimaterial que capta los impulsos del espíritu y los transmite al cuerpo, y viceversa. Pero el periespíritu no es una unidad indivisible: está compuesto, a su vez, de capas, y en ellas están contenidos tanto el cuerpo astral como el etérico y otros niveles aún más sutiles. El periespíritu es un puente vivo, moldeado por pensamientos, emociones y elecciones, y capaz de reflejar fielmente el estado de espíritu de una persona.

Estos cuerpos normalmente operan integrados, unidos como las notas de un acorde armónico. El cuerpo físico siente el frío, el astral reacciona con incomodidad, el mental interpreta y juzga la sensación. Todo se mueve al unísono, como un organismo único y coherente. Sin embargo, hay momentos en que esta integración falla — por trauma, práctica espiritual, manipulación externa o desequilibrio emocional. Y es en ese vacío, en ese momento de desintegración parcial, que algo puede desprenderse.

El desdoblamiento espiritual, fenómeno conocido por diversos nombres en varias tradiciones, es el estado en que uno de los cuerpos sutiles se aleja temporalmente del cuerpo físico, manteniéndose aún ligado a él por un cordón energético. Durante el sueño, por ejemplo, el cuerpo astral se libera parcialmente y viaja por los planos espirituales, a veces sin que el individuo tenga ningún recuerdo consciente de ello. Pero cuando este proceso se vuelve inestable —ya sea por traumas, desequilibrios o prácticas irresponsables—, existe el riesgo de que parte del cuerpo astral se separe de forma semiautónoma. No retorna completamente. Permanece vagando. Se convierte en una réplica. Ese fragmento puede continuar absorbiendo energía vital, manteniendo la conexión con el cuerpo físico a través de un cordón sutil. Sin embargo, al estar despegado de la conciencia central, pasa a reaccionar de forma propia, muchas veces reproduciendo patrones emocionales antiguos, deseos reprimidos, traumas no elaborados. Se convierte, finalmente, en un clon astral.

La clave está en la conciencia. Mientras el ser esté despierto y presente en sus múltiples niveles, sus cuerpos se alinean bajo el comando del Yo Superior, formando una unidad cohesiva. Pero cuando hay fisuras —y todos las tenemos, en mayor o menor grado—, el campo energético se fragmenta, y las partes ganan independencia proporcional al grado de inconsciencia al que están sujetas. No se trata de posesión, ni de obsesión común, sino de una especie de autoescapismo inconsciente que se materializa en otro plano.

No es raro que personas emocionalmente inestables, sumergidas en miedos, rabias o deseos intensos, proyecten inadvertidamente partes de sí mismas fuera del cuerpo astral, creando involuntariamente estos duplicados. El cuerpo astral, saturado por una única vibración dominante, tiende a moldear un fragmento de aquella energía en forma más densa. Y, al hacerlo, da a luz una entidad que, aunque originada del propio ser, ya no responde más a su control.

Este proceso es exacerbado por prácticas espirituales sin preparación. Personas que se aventuran en la proyección astral sin conocimiento adecuado, que manipulan fuerzas mentales sin autoconocimiento, o que hacen uso irresponsable de sustancias enteógenas, pueden abrir puertas dentro de sí que no saben cerrar. En esas ocasiones, parte del cuerpo astral o mental se desprende y no encuentra el camino de regreso. En lugar de disolverse en el éter, se fija. Se alimenta. Se moldea. Y, eventualmente, vive —como clon.

Es por eso que comprender los cuerpos sutiles es absolutamente esencial. Solo a través de este entendimiento se puede distinguir una perturbación psíquica común de una manifestación energética compleja. El clon astral no es un síntoma de locura, tampoco un delirio místico. Es el resultado de un proceso vibracional muy real, que obedece a leyes específicas del mundo sutil. Ignorarlo es abrir espacio para que se fortalezca. Comprenderlo es el primer paso para desarmarlo.

Al reconocerse como un ser multidimensional, dotado de cuerpos que van más allá de la carne, el individuo comienza a percibir que todo lo que siente, piensa y hace reverbera en diferentes niveles. No existe pensamiento inocuo, ni emoción aislada. Todo deja rastro. Todo se refleja en los cuerpos sutiles. Y cada desequilibrio, cada sentimiento nutrido por tiempo suficiente, puede convertirse en forma. En vida. En un otro. En un clon.

Y lo que está fuera —sea sombra o luz— un día pide retorno. Porque todo fragmento quiere ser entero. Pero mientras esa reintegración no ocurre, seguirá al lado, reflejando la esencia del ser que lo creó, como un eco que no se deshace.

Capítulo 3
Doble Espiritual

La coexistencia de múltiples expresiones del ser en diferentes niveles de realidad es una de las manifestaciones más intrigantes de la naturaleza humana. La presencia de un doble espiritual, aunque muchas veces relegada al campo de las leyendas y del folclore, encuentra fundamento en las estructuras sutiles que componen la psique y el cuerpo energético del individuo. Este doble no es una mera alucinación o un artificio de la fantasía: es una configuración real, operando en un plano vibracional distinto, cuyo origen se enraíza profundamente en el inconsciente y en las capas espirituales que envuelven al ser. Representa la posibilidad de una manifestación paralela de la identidad, movida por impulsos muchas veces desconocidos o inconscientes, y que actúa con cierto grado de autonomía en dominios que escapan a la percepción ordinaria. La noción de que el ser humano puede, incluso sin intención, proyectar una versión suya que camina en otra dimensión, emerge no como especulación, sino como reconocimiento de un fenómeno tan antiguo como el propio pensamiento espiritual.

Este segundo "yo", también llamado doble espiritual, no se configura necesariamente como un adversario o una amenaza. En muchas tradiciones, es percibido como un compañero, una extensión o una forma de desdoblamiento de la conciencia. Sin embargo, lo que define su naturaleza no es solo su existencia, sino el estado emocional, mental y espiritual del individuo que lo origina. Cuando el ser está en equilibrio, el doble actúa como un reflejo útil, un instrumento de expansión de la percepción, capaz de realizar tareas en planos sutiles. Pero cuando hay desequilibrio, represión de emociones, traumas no resueltos o uso imprudente de prácticas espirituales, esta proyección puede adquirir una forma disfuncional. En ese estadio, el doble deja de ser un recurso consciente y pasa a operar como una entidad con voluntad propia, generada por contenidos reprimidos que escaparon del control. Su autonomía no es plena, pero suficiente para interferir en el campo vibracional y en los procesos psíquicos de su creador.

El surgimiento de un clon astral es un ejemplo específico y profundizado de este fenómeno. A diferencia del doble tradicional, que tiende a ser transitorio y simbólico, el clon se estructura como un fragmento psíquico cristalizado, animado por una carga emocional intensa y sustentado por lazos energéticos con el originador. Es, al mismo tiempo, producto y reflejo —una manifestación condensada de aspectos del yo que no encontraron expresión en el plano consciente. Su existencia prolongada exige un flujo continuo de energía, lo que lo lleva a mantener, de forma muchas veces sutil y parasitaria, su conexión con la matriz original. Reconocer esta presencia, entender su génesis e integrarla al campo de conciencia es una tarea que exige no solo conocimiento espiritual, sino una inmersión profunda en los propios abismos interiores. Porque este doble, en su forma más densa, es el espejo no solo de lo que somos, sino de lo que fuimos incapaces de aceptar.

El término "doppelgänger", de origen alemán, quizás sea el más conocido en las tradiciones occidentales. Literalmente, significa "caminante doble" o "aquel que camina junto". En el folclore europeo, este doble era visto como un presagio siniestro. Decían que, si alguien encontraba a su propio doppelgänger, era señal de que la muerte estaba próxima, o de que una gran desgracia se acercaba. La explicación popular era simple: el mundo espiritual se había rasgado y permitido que la sombra del alma se manifestara, alertando que algo se había roto en el lazo entre cuerpo y espíritu.

Pero el doppelgänger no es el único. En el Antiguo Egipto, el "Ka" representaba una especie de gemelo espiritual que acompañaba a la persona a lo largo de la vida. Era creado en el nacimiento y continuaba existiendo después de la muerte, necesitando alimento espiritual a través de ofrendas y rituales. Los egipcios sabían que el Ka podía vagar, visitar a los vivos e incluso interactuar con los sueños de los que quedaban. Era una chispa viva de la esencia del individuo, casi como un alma en paralelo, conectada por un lazo sagrado e inquebrantable.

En tradiciones orientales, como en el hinduismo y en el budismo tántrico, existen referencias al "cuerpo ilusorio" o "maya-kosha", una forma espiritual que refleja los deseos y karmas de la persona. En las prácticas tibetanas de Dzogchen, hay relatos de yoguis capaces de manifestar cuerpos de arcoíris o formas dobles para realizar tareas espirituales en diferentes planos simultáneamente. Ellos no veían esta duplicidad como un mal, sino como una habilidad avanzada, una conquista de la conciencia sobre la materia.

En las tradiciones chamánicas de América del Norte, América del Sur y Siberia, encontramos los relatos sobre los "naguales", "espíritus compañeros" o "dobles del chamán". Estos seres, que podían asumir forma humana o animal, eran enviados en misiones espirituales de cura, espionaje o batalla. Eran parte del propio chamán, una extensión de su alma o conciencia, dotada de autonomía momentánea. La existencia del doble era considerada sagrada, y su manejo exigía gran responsabilidad, bajo pena de fragmentación psíquica o pérdida del poder espiritual.

Incluso en la literatura clásica occidental, la idea del doble aparece de manera recurrente. Goethe relató, en su diario, un encuentro con su propio doppelgänger en un momento de crisis personal. Dostoyevski escribió sobre la duplicidad del alma en su obra "El Doble", donde el protagonista se ve confrontado por una versión más osada, cruel y desreglada de sí mismo. Jung, por su parte, desarrolló el concepto de la "Sombra" —una parte de la psique que es reprimida y proyectada en el inconsciente, pudiendo ganar forma simbólica en los sueños, visiones o estados alterados.

Es en este vasto océano de símbolos, relatos y tradiciones donde el clon astral se inserta, como una manifestación específica del doble espiritual. La diferencia es sutil, pero crucial. El doble, en sus versiones clásicas, era generalmente un reflejo, una imagen simbólica, o una extensión temporal de la conciencia. Ya el clon astral carga una intención más consistente de autonomía. No es solo un reflejo pasajero, sino una entidad con alguna forma de permanencia y capacidad de acción independiente, aunque ligada por hilos invisibles a su originador.

El nacimiento de un clon astral a menudo se da en momentos de fuerte ruptura interior. Cuando el ser humano entra en colapso emocional o espiritual, parte de su psique puede desprenderse en busca de supervivencia. Es como si el alma, incapaz de cargar el peso del trauma, de la represión o del dolor, proyectara hacia fuera una parte de sí para no sucumbir. Esa parte, entonces, gana cuerpo en el plano astral. Al principio, puede parecer solo una sombra, una repetición de gestos, una energía vagante. Pero con el tiempo —especialmente si continúa recibiendo alimento energético del original— gana forma, voluntad y una especie de conciencia rudimentaria.

En los relatos espirituales de bilocación, por ejemplo, vemos indicios claros de este fenómeno. Hay innumerables casos documentados de personas que fueron vistas en dos lugares al mismo tiempo, con testigos confiables que garantizan haber interactuado con ambas versiones. La Iglesia Católica reconoce este fenómeno en santos como Padre Pío y San Alfonso de Ligorio, que, en varios momentos, aparecieron simultáneamente en lugares distintos para realizar curas, orientaciones o tareas espirituales. Estos episodios, en general, son asociados al desdoblamiento consciente del cuerpo astral, pero no se puede descartar la posibilidad de que, en algunos casos, lo que se manifestaba fuera un clon —un doble creado por necesidad o por voluntad intensa de socorrer a alguien.

Pero no siempre la duplicación espiritual es benigna. Existen registros igualmente perturbadores de personas que, al pasar por momentos de extrema tensión emocional, relatan haber visto o sentido la presencia de un "otro yo", actuando de forma hostil, amenazadora o manipuladora. Esa entidad, en muchos casos, parece alimentarse de la energía emocional del original, amplificando sentimientos negativos, generando confusión mental, pesadillas recurrentes y sensaciones de persecución. Tales casos no son meramente psicológicos. Muchas tradiciones espiritualistas reconocen que, una vez formado, el clon astral puede convertirse en un parásito, actuando como un "gemelo oscuro" que contamina la vida emocional y espiritual de la persona.

El vínculo entre el clon y el original es profundo y, al mismo tiempo, peligroso. No es un lazo de amor, como entre madre e hijo. Es más como una simbiosis —o, en casos más graves, una vampirización. El clon necesita del original para sustentarse. Sin él, se desintegra. Pero, al mismo tiempo, actúa como si fuera un ser aparte, reivindicando espacio, influenciando pensamientos, sueños y comportamientos. Hay personas que, sin saberlo, pasan años viviendo bajo la influencia de un doble. Se sienten agotadas, emocionalmente descontroladas, experimentan conflictos internos inexplicables, como si cargaran dos voluntades distintas en su interior. Y, de hecho, las cargan.

Reconocer esta duplicidad es un desafío. El clon astral no se presenta con una credencial, ni surge llamando a la puerta. Se insinúa. Susurra. Se manifiesta en los rincones más oscuros de la conciencia, donde el miedo, la rabia, el deseo y el dolor encuentran morada. Puede usar el rostro del propio creador, pero con un brillo extraño en la mirada, como si algo estuviera fuera de lugar. Puede aparecer en los sueños, en los espejos, en los momentos de fragilidad espiritual. Y siempre deja una marca: la sensación de que algo dentro de sí no está en armonía, de que hay una presencia invisible que no es enteramente tú.

El doble espiritual, en sus formas arquetípicas, fue visto por milenios como un aviso, un intermediario, un reflejo. El clon astral es su desdoblamiento moderno y complejo —un reflejo que ganó voluntad, un aviso que no cesó de resonar, un intermediario que decidió caminar por cuenta propia. Es la prueba de que no somos indivisibles. Estamos hechos de capas, de voces, de fragmentos. Y, a veces, uno de esos fragmentos decide andar solo. En este mundo invisible donde todo vibra y se conecta, la existencia de un clon astral no es solo posible —es una consecuencia natural de quiénes somos y de cómo vivimos. Es el espejo vivo de nuestras elecciones, traumas y potencias. Y como todo espejo, puede reflejar tanto la luz como la sombra. Entenderlo es comprender, al fin, que el mayor misterio está en nosotros mismos —y que quizás nunca hayamos caminado solos.

Capítulo 4
Sabiduría Hermética

La sabiduría ancestral del Hermetismo ofrece un cimiento sólido y profundamente revelador para la comprensión de las manifestaciones sutiles de la existencia, como el fenómeno del clon astral. Lejos de ser un devaneo o accidente místico, esta duplicación energética encuentra respaldo lógico en las leyes universales que rigen todos los planos de la realidad. Al profundizar en las enseñanzas herméticas, se descubre una visión del mundo en la cual todo lo que existe, desde lo más denso hasta lo más etéreo, obedece a principios fundamentales inmutables. Estos principios no solo explican la estructura del universo, sino que orientan la conducta del buscador que desea convertirse en coautor de su realidad. En este contexto, el clon astral emerge no como anomalía, sino como consecuencia natural de desequilibrios internos proyectados al plano sutil —un efecto previsible de causas vibracionales sostenidas en el tiempo.

La tradición hermética no se limita a transmitir conocimiento teórico; propone un camino de autodominio, donde el ser despierto aprende a observar, comprender y transformar las fuerzas que en él actúan. Al reconocer que todo es mente, como enseña el

Principio del Mentalismo, se entiende que la realidad es moldeada a partir del pensamiento. Y cuando los pensamientos se alían a emociones intensas y recurrentes, forman moldes energéticos capaces de dar origen a entidades autónomas en el plano astral. El clon, en este sentido, es un producto legítimo de la mente creadora, una exteriorización viva de contenidos psíquicos no integrados.

Al considerar los principios de la Correspondencia y de la Vibración, se vuelve evidente que aquello que se repite internamente —como patrones emocionales, traumas no resueltos o deseos reprimidos— encontrará eco en otras capas del ser. El clon es ese eco condensado, una réplica que vibra en la misma frecuencia de la origen emocional que lo generó. Al profundizar en la polaridad, el ritmo y la causalidad, el Hermetismo revela que todo en la creación posee su opuesto complementario, que nada permanece inmutable, y que todo efecto deriva de una causa específica. Comprender estas leyes permite al individuo no solo identificar el origen del clon astral, sino también desarrollar los medios para disolverlo o reintegrarlo. El clon deja de ser visto como amenaza externa y pasa a ser reconocido como parte del propio campo energético, una manifestación que carga en sí un mensaje codificado sobre el estado interior del creador.

El Hermetismo, por lo tanto, no ofrece una perspectiva de miedo, sino de lucidez. Enseña que cada pensamiento es un acto mágico, cada emoción es una vibración creadora, y que todo ser humano posee, en sí, el poder de transformar las formas que genera. Así, el clon astral es desvelado como un maestro oculto, que apunta hacia los aspectos descuidados del propio ser e invita al trabajo interno de transmutación e integración.

El Hermetismo, atribuido a Hermes Trismegisto —figura mitológica que sintetiza al dios egipcio Thoth y al griego Hermes—, sostiene que el universo es regido por siete principios immutables. Estos principios no son doctrinas en las que creer, sino claves operacionales que describen la estructura de la realidad sutil y material. El estudioso que los comprende no solo observa el mundo, sino que lo moldea. Y es exactamente en este punto donde el clon astral deja de ser un misterio oscuro para convertirse en una ecuación energética previsible.

El primer principio hermético, el del Mentalismo, declara: "El Todo es Mente; el universo es mental." Esto implica que todo lo que existe es, en última instancia, producto de la mente divina. Y como el ser humano está hecho a imagen y semejanza del Todo, también él crea realidades con su mente. Pensamientos, emociones, imágenes mentales y creencias no son solo abstracciones; son semillas. Y cuando estas semillas son regadas con energía y atención suficientes, germinan en el plano astral. Así, la génesis del clon astral puede ser vista como la materialización de una idea o emoción recurrente que, por fuerza mental, asume forma y autonomía.

El segundo principio, de la Correspondencia, resuena con el famoso axioma: "Como es arriba, es abajo; como es adentro, es afuera." El clon astral es un espejo. Es el reflejo de una parte del ser en otra dimensión. Es una duplicación que respeta la Ley de la

Correspondencia: si hay un patrón persistente en el interior del ser, se expresará en algún punto externo, ya sea en el plano físico, emocional o astral. Un resentimiento no resuelto, por ejemplo, puede permanecer latente en la mente, pero también puede manifestarse como un reflejo vivo en el plano sutil —un clon movido por rencor, vagando y buscando desquite en nombre del creador que ya ni recuerda el agravio original.

Otro principio que ilumina el fenómeno es el de la Vibración: "Nada está inmóvil; todo se mueve; todo vibra." Cada pensamiento, cada emoción, cada intención posee una frecuencia específica. Cuando un patrón vibracional se vuelve dominante en el campo energético de una persona, tiende a condensarse. Como en una tormenta eléctrica, las nubes emocionales se acumulan hasta el punto de descarga: surge el rayo, o en este caso, el clon astral. Es la precipitación de una vibración constante, materializada en el plano sutil por afinidad energética. Y una vez formado, continuará vibrando en la misma frecuencia que lo originó, retroalimentando el ciclo.

El Principio de la Polaridad enseña que "todo es doble; todo tiene dos polos; todo tiene su opuesto". El clon astral es, bajo esta óptica, el polo complementario de la conciencia despierta. Encarna aquello que fue rechazado, reprimido o descuidado. Si una persona vive solo su persona luminosa, el clon puede representar la sombra —el lado sombrío, no integrado, que busca existencia por sus propios medios. Sin embargo, esto no lo vuelve maligno por esencia. Es solo el otro lado de la moneda. El peligro reside en la falta de equilibrio entre los polos, en la ignorancia de su existencia y en la negativa a encarar lo que representa.

El principio del Ritmo revela que "todo fluye y refluye; todo tiene sus periodos de avance y retroceso; todo asciende y desciende." Esto nos muestra que nada permanece estático. Ni el clon. Su poder e influencia oscilan conforme a los ciclos interiores del creador. Cuando el originador está fortalecido, centrado, armonizado, el clon se debilita. Cuando el individuo se sumerge en inestabilidad emocional, pensamiento obsesivo o prácticas espirituales inconscientes, el clon gana fuerza. Como una marea astral, avanza y retrocede, buscando oportunidades para manifestarse con más intensidad.

El sexto principio, el de Causa y Efecto, es quizás el más revelador: "Toda causa tiene su efecto; todo efecto tiene su causa." El clon astral no surge por azar. Es efecto de una causa específica: un patrón energético reiterado, una voluntad intensa y no expresada, un trauma no digerido, una práctica mágica mal conducida. Es consecuencia directa de una serie de elecciones y estados internos. Al comprenderlo como efecto, se vuelve posible rastrear su origen y, por consiguiente, transformarla. El verdadero mago, enseña el Hermetismo, no lamenta los efectos —modifica las causas.

El principio del Género afirma: "El género está en todo; todo tiene sus principios masculino y femenino." Este principio se refiere a la dualidad creativa del universo: el masculino como fuerza emisora, el femenino como fuerza receptiva. La creación de un clon astral exige la presencia de estas dos polaridades. El pensamiento (masculino) envía la semilla, la emoción (femenina) la recibe y nutre. Cuando estas dos energías se unen con intensidad suficiente, producen una forma: una entidad en el plano sutil. Por eso, tanto la mente como el corazón están involucrados en este proceso de duplicación energética. No basta pensar —es preciso sentir. Y no basta sentir —es preciso pensar de forma reiterada. El clon astral es, por lo tanto, hijo legítimo del matrimonio entre pensamiento y emoción.

Pero el Hermetismo no solo explica la génesis del clon astral; también ofrece caminos para su disolución. La Ley de la Transmutación, implícita en los siete principios, enseña que todo puede ser cambiado de una forma a otra —siempre que se comprenda su naturaleza. Así, un clon nacido de la rabia puede ser transmutado por la compasión; un duplicado generado por el miedo puede ser reintegrado por medio del autoconocimiento. El ocultista hermético no destruye ciegamente lo que creó. Transmuta. Reintegra. Comprende que todo es parte del Uno, y que hasta lo que asusta carga en sí la chispa divina.

Es importante recordar que los antiguos hermetistas no veían los planos sutiles como metáforas. Para ellos, el plano astral era tan real como el físico, aunque regido por leyes diferentes. Entendían que todo acto mágico, toda oración, toda visualización mental, toda emoción intensa era un gesto de creación en ese plano. Sabían que podían, intencionalmente o no, generar formas y entidades —y por eso recomendaban la vigilancia constante sobre los propios pensamientos y deseos.

Hermes Trismegisto, en sus escritos, dejó claro: "Aquel que se conoce a sí mismo conoce el universo." Esta máxima es el núcleo de la sabiduría hermética. Y al aplicarla a la cuestión del clon astral, se percibe el camino de la solución: el autoconocimiento. Al descubrir las propias polaridades, al investigar las causas ocultas de sus pensamientos y emociones, al asumir responsabilidad por las creaciones que emanan del propio ser, el individuo puede no solo disolver clones astrales, sino evitar que surjan nuevos.

No hay en el Hermetismo lugar para el victimismo espiritual. Todo lo que existe en la vida de un ser humano ha sido atraído, permitido o creado por él mismo. El clon astral es, por lo tanto, una invitación: a revisitar los pensamientos que se repiten, los sentimientos que insisten en permanecer, los deseos secretos que nunca fueron mirados. Es la encarnación sutil de lo que fue rechazado. Y mientras sea ignorado, continuará llamando a la puerta de la conciencia, exigiendo ser visto.

La sabiduría hermética no ofrece respuestas hechas —ofrece llaves. Llaves para abrir los portales de la percepción, de la responsabilidad, de la transformación. Y una vez que se comprende que todo en el universo es mental, se comprende también que todo clon puede ser deshecho con el mismo poder con que fue creado: el poder de la mente despierta, aliada a la voluntad consciente y al corazón alineado con el Todo. Así, el clon deja de ser un enemigo oculto y se convierte en un maestro temporal, cuya misión es apuntar hacia aquello en nosotros que necesita ser transmutado. Y cuando esa lección es comprendida, la réplica se deshace —no en batalla, sino en luz.

Capítulo 5
Visión Teosófica

El enfoque teosófico sobre los múltiples cuerpos del ser humano establece un mapa detallado de la constitución oculta del individuo, en el cual cada capa vibracional cumple una función específica en el proceso evolutivo de la conciencia. Insertado en este contexto, el fenómeno del clon astral deja de ser un misterio aislado o un evento místico de naturaleza aleatoria y pasa a ocupar un lugar inteligible dentro de la dinámica entre los cuerpos sutiles y el plano astral. La Teosofía, al articular saberes orientales y occidentales con rigor filosófico y espiritual, revela que todo en el ser humano es energía en movimiento, moldeada por patrones mentales y emocionales persistentes. Así, el clon astral surge como expresión legítima —aunque disfuncional— de una parte disociada de la psique, condensada en forma vibratoria en el éter astral, que es el campo plástico por excelencia de las creaciones mentales y emocionales.

La distinción teosófica entre los cuerpos físico, etérico, astral, mental inferior y superior, y los niveles espirituales más elevados permite comprender la complejidad de las formas que habitan el plano invisible. El clon astral, en este espectro, es una entidad que se forma a partir de la sobrecarga de una o más de estas capas, especialmente del cuerpo astral o del mental inferior. No es una entidad externa, sino una porción del propio individuo que, en razón de traumas, deseos intensos o prácticas esotéricas desajustadas, se separa de la conciencia central y adquiere cierto grado de autonomía. Esta separación ocurre de manera gradual: comienza con un pensamiento o emoción recurrente, que, al fijarse en el tiempo, atrae materia sutil y se organiza como una forma viva en el plano astral. La energía que lo sustenta no viene de fuera, sino del propio creador, que, incluso inconscientemente, continúa alimentando este fragmento con su atención y vibración.

La Teosofía enseña que el universo está constituido por leyes rigurosas, y entre ellas está la Ley de Atracción Vibratoria, según la cual semejantes se atraen. Este principio explica no solo la formación del clon astral, sino también su capacidad de asociarse a fuerzas externas, como larvas astrales, formas-pensamiento colectivas o elementales artificiales. Un clon generado por miedo, por ejemplo, vibra en la frecuencia del miedo y atrae entidades del astral inferior que se alimentan de esa energía. El resultado es una simbiosis parasitaria, que intensifica los efectos deletéreos del clon, tornándolo no solo un reflejo del creador, sino también un canal para fuerzas que buscan desequilibrar aún más su campo energético. La Teosofía, sin embargo, no presenta este escenario como sentencia, sino como señal de alerta —una oportunidad de reequilibrio por medio del autoconocimiento, de la purificación emocional y del uso consciente de la voluntad. Cada clon astral, por más denso o perturbador que parezca, es un recordatorio de que el ser humano es creador en todos los planos, y que su propia luz es capaz de disolver hasta las sombras más resistentes.

Helena Petrovna Blavatsky, la fundadora del movimiento teosófico moderno, hablaba con insistencia sobre el "linga sharîra", término sánscrito que se refiere al cuerpo sutil inferior —una réplica energética del cuerpo físico, sensible a las emociones y pensamientos del individuo. Blavatsky lo identificaba como el "doble astral" (astral double), una capa intermedia que servía como molde y sustento de la vida encarnada. Según ella, este cuerpo era susceptible a rupturas, desdoblamientos e influencias. No era solo un vehículo pasivo, sino una entidad moldeable, capaz de interactuar con el plano espiritual y, en ciertas circunstancias, de comportarse como un ser semiautónomo. Es en este punto que la concepción teosófica se alinea con la noción del clon astral. Cuando el linga sharîra se desprende de forma inestable o permanece en el plano astral tras experiencias intensas —como traumas, estados de trance, o prácticas espirituales mal dirigidas—, puede cristalizar una parte de la esencia del individuo. Esta cristalización, alimentada por residuos emocionales y mentales, pasa a actuar como un reflejo animado: el clon.

La diferencia entre este fenómeno y una mera forma-pensamiento está en la densidad vibracional y en la complejidad interna del ente creado. Un clon astral, según la perspectiva teosófica, no es solo un pensamiento exteriorizado, sino un fragmento vitalizado del propio ser, con memoria, emoción y, a veces, rudimentos de conciencia. Annie Besant y Charles Leadbeater, continuadores de la obra de Blavatsky, refinaron el entendimiento de los cuerpos sutiles. Para ellos, el cuerpo astral era el vehículo de las emociones, mientras que el mental inferior procesaba los pensamientos concretos y el mental superior se ligaba a la mente abstracta y a las intuiciones superiores. Esta distinción hizo posible mapear con precisión las diferentes formas de duplicación energética. Por ejemplo: un clon generado por una emoción intensa, como odio o miedo, tendería a formarse en el cuerpo astral; ya un clon formado por obsesión o deseo continuo podría emerger a partir del cuerpo mental inferior. En ambos casos, el riesgo era el mismo: crear un ser que no solo se alejaba de la conciencia central, sino que pasaba a influenciarla de forma activa.

En la visión teosófica, el universo está permeado por una sustancia plástica llamada "éter astral", que sirve de base para la manifestación de formas y pensamientos. Es en este éter donde las creaciones mentales y emocionales se condensan. Cuando una emoción es nutrida con constancia y se alía a una imagen mental poderosa, se cristaliza en este campo, adquiriendo forma, movimiento y hasta cierta durabilidad. Las formas-pensamiento así generadas pueden ser simples —como flechas de rabia o esferas de afecto—, o complejas, como verdaderas entidades. Los teósofos describen estos seres como "cáscaras astrales", "elementales artificiales" o incluso "egrégores", dependiendo del origen y la naturaleza del impulso que los generó. Es justamente en esta gradación donde se encuentra el clon astral. Es una forma-pensamiento compleja, pero con una peculiaridad: no nace solo de un deseo o emoción específica, sino de una porción entera de la psique proyectada en el plano sutil. Es como si una parte del ser, cargada de intención, memoria y patrón emocional, se desprendiera del todo y adquiriera existencia propia. Esto explica por qué muchas veces el clon presenta las mismas facciones, voz y gestos del creador —es, de hecho, una copia parcial, animada por las fuerzas que le dieron origen.

Además, la Teosofía reconoce la existencia de entidades llamadas "larvas astrales" —formas degeneradas que se agarran a las emociones humanas para alimentarse. Aunque no sean clones propiamente dichos, estas larvas pueden parasitar al clon, fortaleciéndolo y tornándolo más hostil o resistente a la disolución. Esto se da porque el clon, siendo una entidad vibratoria, es vulnerable a la simbiosis con otros seres del astral inferior. Tal acoplamiento lo vuelve aún más peligroso, pues pasa a actuar no solo como reflejo del creador, sino como instrumento de fuerzas exteriores que se aprovechan de la brecha energética abierta.

La visión teosófica también alerta sobre los peligros de trabajar con prácticas esotéricas sin preparación interior. El uso indebido de mantras, visualizaciones, evocaciones o proyecciones puede, inadvertidamente, generar réplicas energéticas. En muchos casos, el estudiante espiritual mal orientado crea un reflejo suyo en los planos sutiles que, en lugar de ayudar en el crecimiento, pasa a interferir en el cotidiano con perturbaciones emocionales, bloqueos mentales y confusión espiritual. La persona se siente dividida, exhausta, como si estuviera siendo constantemente drenada por algo invisible. Y lo está —por sí misma, en forma duplicada.

Hay también, en la Teosofía, el concepto de "elementales mentales" —formas generadas por la mente colectiva de la humanidad. Cuando un patrón es compartido por muchas personas —como miedo, culpa, deseo de poder—, esas emociones ganan vida propia en el plano astral, convirtiéndose en entidades semi-inteligentes. En casos extremos, estas fuerzas colectivas pueden fusionarse con un clon astral individual, formando un híbrido altamente influyente. El resultado es un ser con motivación personal (proveniente del creador) y fuerza colectiva (proveniente de la egrégora asociada), capaz de actuar con gran potencia en el campo espiritual.

Sin embargo, la Teosofía no se limita a describir el problema. Señala caminos de solución. Para disolver un clon astral, es preciso actuar en tres niveles: primero, cesar el flujo de energía que lo alimenta, interrumpiendo pensamientos y emociones asociadas a él; segundo, elevar la vibración general del campo energético, a través de prácticas de purificación, estudio, oración y servicio altruista; y tercero, reintegrar la parte disociada, a través del autoconocimiento y de la transmutación de las causas que originaron el desdoblamiento. Esta tríada —interrupción, elevación y reintegración— es el núcleo de la cura teosófica.

El papel de la voluntad también es central. Los teósofos enseñan que la voluntad es la herramienta más poderosa del alma. Cuando es dirigida con claridad y compasión, es capaz de reabsorber cualquier forma proyectada, por más compleja que sea. Por eso, no basta desear el fin del clon astral —es preciso comprenderlo, aceptarlo como parte del proceso evolutivo, y entonces, con firmeza y amor, comandar su disolución o reintegración.

Otro aspecto importante es el papel de los Maestros de Sabiduría. En la Teosofía, se cree que seres avanzados espiritualmente —los Mahatmas— acompañan e instruyen a los discípulos sinceros. Muchas veces, la disolución de un clon astral solo es posible con la asistencia de estos mentores, que operan en los planos superiores y ayudan a recalibrar el campo energético del discípulo. La oración sincera, el estudio continuo y el servicio desinteresado son formas de conectarse a estas inteligencias y recibir su auxilio silencioso, pero poderoso.

De esta forma, el clon astral, en la visión teosófica, deja de ser un accidente oscuro para convertirse en un hito en el viaje evolutivo. Señala que hubo fragmentación, pero también ofrece la oportunidad de cura. Es sombra, sí, pero también invitación a la luz. Su existencia es un recordatorio de que somos cocreadores en todos los planos, y que hasta nuestros equívocos pueden convertirse en portales de sabiduría —si los miramos con coraje y sabemos, al fin, caminar rumbo a la integración.

Capítulo 6
Magia del Caos

La Magia del Caos se presenta como un campo operativo donde la libertad creativa del magista se sobrepone a dogmas, tradiciones o limitaciones heredadas. Con un enfoque pragmático y deconstruido, establece una estructura flexible en la que el poder personal es la principal palanca de la transformación de la realidad. En lugar de depender de sistemas simbólicos fijos, la práctica se desarrolla por medio de la experimentación directa, de la adaptación ritualística y de la manipulación intencional de símbolos, emociones y arquetipos. Dentro de este contexto, el magista asume el papel de arquitecto de su propia experiencia mística, rediseñando sus creencias conforme a las exigencias de cada operación mágica. La ausencia de una doctrina cerrada confiere a la Magia del Caos una vitalidad única: en ella, no hay separación entre el sujeto y el objeto de la magia —ambos se funden en un campo dinámico de posibilidades donde la voluntad se manifiesta de forma plástica y responsiva.

La creación deliberada de entidades en el plano astral, como los llamados servidores, nace de la premisa de que todo es moldeable siempre que esté cargado de intención y energía. El proceso involucra la externalización consciente de fragmentos de la psique individual, que, al ser organizados por medio de símbolos, nombres, formas y propósitos, pasan a actuar como agentes semiautónomos en el campo sutil. Esta práctica, profundamente introspectiva y altamente personalizada, lleva al operador a confrontar aspectos latentes de sí mismo mientras proyecta esas porciones al exterior, bajo forma simbólica. Esta externalización, sin embargo, no ocurre de forma aleatoria: exige foco mental, claridad emocional y dominio simbólico, pues cualquier inestabilidad en la intención puede resultar en construcciones desequilibradas o desgobernadas. Así, el magista necesita desarrollar una sensibilidad refinada para reconocer hasta qué punto está operando con control y cuándo comienza a ser operado por aquello que creó.

Al permitir la manipulación consciente de entidades astrales, la Magia del Caos abre de par en par un universo de actuación donde el clon astral deja de ser una manifestación accidental o inconsciente y pasa a ocupar el estatus de herramienta estratégica. Esta transición de lo inconsciente a lo deliberado redefine el papel del practicante: ya no es un sujeto pasivo de experiencias psíquicas espontáneas, sino un ingeniero de lo invisible. A través de técnicas como el uso de sigilos, gestos ritualísticos, visualizaciones y meditaciones dirigidas, el operador construye, activa y sostiene estos fragmentos con objetivos definidos —sea para protección, comunicación interdimensional o expansión de la conciencia. La responsabilidad, por lo tanto, se vuelve proporcional al grado de libertad ofrecido por esta forma mágica. Crear clones astrales o servidores no es solo un acto de proyección energética, sino una incursión profunda en la cartografía del alma, donde el magista debe, constantemente, reconocerse en sus creaciones para no perderse en ellas.

A diferencia de las manifestaciones espontáneas descritas en las tradiciones más antiguas, la Magia del Caos propone la generación intencional de réplicas energéticas. El practicante moldea, con precisión simbólica y emocional, una porción de su propia psique, imprime en ella un propósito y la lanza al plano astral como una entidad activa. Esta entidad, llamada *servitor* (o servidor), puede ser programada para tareas específicas: protección, atracción de oportunidades, espionaje espiritual o incluso sabotaje de enemigos ocultos. El servitor es, por definición, un fragmento de la conciencia del magista, animado por la voluntad y alimentado por energía vital. Es, por lo tanto, un tipo de clon astral, creado con método e intención.

Phil Hine, uno de los principales divulgadores de la Magia del Caos contemporánea, describe este proceso con claridad casi científica. Según él, todo servidor es una representación simbólica de una necesidad o función. El magista, al crear un símbolo, nombre e identidad para este fragmento, le confiere existencia psíquica en el plano sutil. En seguida, a través de rituales personalizados —que pueden involucrar meditación, visualización, gestos, sigilos y mantras—, el practicante infunde energía en el constructo, activándolo como un ente semiautónomo. Esta creación pasa a habitar el campo astral del operador, pero con cierta libertad de acción, siempre que obedezca a las directrices originalmente programadas.

El paralelo con el clon astral es inevitable. Ambos son réplicas energéticas de partes de la psique original. La diferencia reside en el grado de conciencia del proceso. Mientras que el clon astral surge frecuentemente de forma inconsciente, fruto de traumas o patrones emocionales densos que escapan al control racional, el servidor de la Magia del Caos es creado con pleno conocimiento e intención. Sin embargo, esto no lo exime de riesgos. Muchos practicantes relatan que sus servidores, una vez creados, comenzaron a actuar más allá de las funciones designadas, desarrollando patrones propios, tornándose obsesivos, agresivos o simplemente demasiado autónomos. En otros casos, servidores antiguos se negaron a ser deshechos tras el cumplimiento de sus tareas, exigiendo ceremonias específicas de cierre o siendo "absorbidos a la fuerza" por el campo energético del magista.

Esto nos conduce a un punto crucial: toda creación psíquica, cuando es alimentada con intensidad, tiende a desarrollar un impulso de preservación. El clon astral, nacido del miedo o del dolor, busca continuar existiendo. El servidor, moldeado para actuar como una herramienta, puede acabar creyendo que su existencia es necesaria. La frontera entre servidor y clon astral se vuelve, así, tenue. Basta que el operador pierda el control sobre su creación, que deje de alimentarla conscientemente pero aún mantenga conexiones emocionales o mentales con ella, para que el servidor escape a su dominio y se convierta en un clon —un reflejo suyo, ahora indomado.

Hay casos documentados en grupos de ocultistas contemporáneos en los que servidores creados para protección personal comenzaron a manifestarse de manera hostil a cualquier forma de crítica, atrayendo discordias, rupturas y eventos negativos. Al investigar estas ocurrencias, se percibió que los servidores habían absorbido rasgos reprimidos de arrogancia, inseguridad o rabia del propio creador. Como buenos clones, no solo ejecutaban órdenes, sino que también amplificaban lo que había latente en la psique del originador. La creación, como siempre, reflejaba al creador —inclusive en sus aspectos más inconscientes.

Este fenómeno refuerza el principio fundamental de la Magia del Caos: el universo es moldeable por la conciencia, pero esta debe ser observada con responsabilidad. Al manipular símbolos, arquetipos y fragmentos de la propia alma, el magista está jugando con fuego sutil. Puede crear maravillas, pero también monstruos. Y muchos de los monstruos que persiguen a los operadores modernos no son externos —son sus propios reflejos astrales, energizados y liberados en nombre del poder personal.

Hay una técnica particularmente reveladora dentro de la Magia del Caos llamada *splitting*, que consiste en separar conscientemente una parte de la psique —como una emoción específica, una habilidad, un arquetipo interior— y externalizarla en la forma de una entidad. Al nombrarla, dibujarla, visualizarla y atribuirle comandos, el practicante la transforma en un agente exteriorizado. Es en este punto que el clon astral deja de ser una mera consecuencia y pasa a ser un recurso —peligroso, pero poderoso. Un operador habilidoso puede usar el clon como un explorador del plano astral, como una defensa psíquica contra ataques, o incluso como un doble en prácticas de bilocación.

Pero hay un precio. Todo clon creado exige mantenimiento. Necesita energía, foco y delimitación. Si esas condiciones no se mantienen, se vuelve inestable. Puede pasar a actuar por impulso, alimentándose directamente del campo energético del creador, como un parásito sofisticado. Puede interferir en los sueños, en las relaciones, en la salud. Puede, en última instancia, querer asumir el lugar del original —no por maldad, sino por pura lógica energética: el espacio vital debe ser llenado, y si el originador está fragmentado o debilitado, el clon asume el comando.

La disolución de un clon astral generado vía Magia del Caos sigue principios similares a los de su creación. El operador debe primero revocar su programación, agradecer por la función cumplida (cuando sea el caso) y realizar un ritual de reabsorción o de quema simbólica. Esto puede involucrar la destrucción de símbolos, sigilos o representaciones del clon, con la intención clara de deshacerlo y transmutarlo. Algunas escuelas recomiendan el uso de velas moradas (color de la transmutación), cristales específicos (como amatista u obsidiana) y baños de sal para romper definitivamente el lazo energético.

Otra vía es la reintegración compasiva. En vez de destruir el clon, el magista puede llamarlo de vuelta, visualizándolo como un aspecto herido o disociado de sí mismo. Lo acoge, perdona, integra. En este proceso, a menudo ocurren visiones simbólicas, intensas descargas emocionales y cambios en el patrón mental del operador. Es una forma avanzada de autoterapia mágica, donde el clon deja de ser una entidad separada para retornar a su fuente original.

En última instancia, la Magia del Caos nos ofrece no solo herramientas para comprender el clon astral, sino también instrumentos para crearlo, controlarlo y disolverlo. No moraliza el proceso —solo lo describe y lo opera. Pero su libertad radical exige responsabilidad radical. Crear un clon puede ser un acto de poder, pero también una invitación a la ruina si se hace sin autoconocimiento. Todo operador debe recordar: aquello que creas en el astral, también crea en ti. El clon astral es un espejo, una respuesta, un aviso. Es, en esencia, una forma de tu propia conciencia clamando por integración. Y si el caos es el origen de toda creación, que sea también el terreno fértil para la reconciliación entre lo que eres y lo que proyectas. Porque al final, todo mago es también su propio aprendiz —y todo clon, su reflejo más sincero.

Capítulo 7
Perspectiva Chamánica

La cosmovisión chamánica reconoce la existencia de múltiples planos simultáneos donde el ser humano se manifiesta no como una entidad indivisible, sino como un conjunto dinámico de partes interconectadas que pueden desplazarse, enfermar o perderse. En esta comprensión holística y ancestral de la realidad, cuerpo, mente, espíritu y emociones forman una red energética que interactúa con el mundo invisible, con los ciclos naturales y con los espíritus. La práctica chamánica, fundamentada en milenios de observación y vivencia directa con el mundo espiritual, trata estas disociaciones internas como eventos reales y concretos, que demandan cura, reintegración y reconexión. No se trata solo de metáforas o símbolos, sino de manifestaciones palpables en el campo energético y espiritual del individuo. Es por medio de esta perspectiva viva y profundamente experiencial que el fenómeno del clon astral se inserta como una expresión del alma fragmentada —una realidad que los chamanes reconocen, enfrentan y transforman.

A lo largo de sus viajes visionarios, facilitados por cánticos, golpes de tambor, plantas sagradas y estados ampliados de conciencia, el chamán actúa como mediador entre los mundos. Detecta desequilibrios energéticos no solo en el cuerpo físico, sino también en los campos sutiles donde residen memorias emocionales, patrones ancestrales y fragmentos perdidos del alma. El entendimiento de que traumas, choques o experiencias espirituales intensas pueden provocar el desprendimiento de partes del alma es central en este sistema. Y estos fragmentos, lejos de ser solo energías inertes, cargan rasgos de la conciencia del individuo: emociones, deseos, miedos, intenciones. Cuando no son rescatados, estos pedazos del ser pueden cristalizarse en formas semiautónomas en los mundos espirituales, convirtiéndose en verdaderos ecos vivos del trauma original. Estas formas, que operan en paralelo al ser encarnado, son identificables como réplicas espirituales —y es exactamente en este punto donde el concepto de clon astral encuentra resonancia con los saberes chamánicos.

La sabiduría ancestral no considera estas réplicas como aberraciones o errores, sino como expresiones legítimas de un proceso de autoprotección espiritual que, al prolongarse, se vuelve disfuncional. Así, el clon astral es comprendido como un síntoma de la fragmentación y, al mismo tiempo, un mapa para la cura. Señala el punto de la pérdida, de la ruptura. El trabajo chamánico, entonces, busca no solo eliminar este reflejo, sino reintegrarlo a la totalidad del ser. Es un enfoque de acogida, de escucha y de reconexión con la esencia perdida. La práctica del rescate del alma, esencial en este proceso, simboliza un retorno a la integridad, donde cada parte del ser reencuentra su lugar en el conjunto. Bajo esta mirada, el clon astral es más que un fenómeno energético —es una llamada del alma para que el ser humano retorne a sí mismo, curado, completo y en comunión con el todo.

La espiritualidad chamánica no reconoce fronteras rígidas entre cuerpo, mente y espíritu. Todo es energía en flujo. Y toda energía puede desplazarse. Cuando un individuo sufre un choque emocional, un trauma físico o un evento espiritual avasallador, es común, según esta visión, que una parte de su alma se desprenda como forma de autoprotección. Esta parte fragmentada, movida por el instinto de supervivencia, se aísla en alguna dimensión espiritual, aguardando el momento en que será buscada, reconocida y reintegrada. Esta pérdida parcial del alma es conocida como *soul loss*, o pérdida de alma, y está entre los conceptos más centrales de la medicina espiritual chamánica.

Lo que Occidente llama depresión profunda, sensación de vacío existencial, apatía extrema o comportamiento autosaboteador, el chamanismo lo interpreta como la señal inequívoca de que algo se perdió. La persona dejó de ser entera. Está viviendo con solo una parte de su energía vital. Y lo más aterrador: esa parte que se fragmentó puede ganar vida propia. No desaparece —persiste, en estado de suspensión, viviendo con conciencia limitada en algún punto del plano astral. Al hacer esto, se convierte en algo muy semejante a lo que en este estudio llamamos clon astral: una réplica espiritual, semiautónoma, generada a partir de un trauma y sustentada por un vínculo invisible con el originador.

Este fragmento puede asumir formas simbólicas en los mundos espirituales explorados por el chamán. A veces, aparece como un niño asustado, encerrado en una caverna. En otros casos, como un animal herido, un objeto roto o incluso una sombra que huye del contacto. Estas imágenes son representaciones arquetípicas de aquello que la parte disociada está vivenciando. Para el chamán, estos fragmentos tienen emociones, memorias y voluntad propia. Pueden resistirse al retorno, por miedo a revivir el dolor original. Y cuando esto sucede, se convierten en dobles espirituales —partes del self original que caminan solas, vagando por los mundos invisibles, afectando sutilmente al individuo encarnado, que siente sus efectos sin saber su origen.

En algunas tradiciones chamánicas de América del Sur, como entre los pueblos de la Amazonía, se cree que estas partes perdidas del alma pueden ser capturadas por entidades del bosque o por espíritus sombríos. Estos seres se aprovechan de la fragilidad vibracional del fragmento y lo aprisionan, usando su energía como alimento o herramienta. Así, el clon astral, que ya era un pedazo del propio ser, pasa a ser manipulado por inteligencias externas. El vínculo con el original se mantiene, pero la influencia se vuelve perversa: el individuo pasa a sentir angustias, pesadillas, enfermedades energéticas y bloqueos existenciales que parecen no tener causa. Está siendo afectado a distancia por su propia sombra, ahora sirviendo a otro señor.

El chamanismo ofrece caminos para lidiar con esto. El más poderoso y transformador es el llamado ritual de rescate del alma. En él, el chamán entra en trance —generalmente inducido por el sonido rítmico del tambor, de la maraca o de la voz— y viaja a los reinos espirituales en busca de los fragmentos perdidos del paciente. Este viaje puede durar minutos u horas, y no está exento de peligros espirituales. Muchas veces, el chamán necesita enfrentar guardianes simbólicos, transponer obstáculos arquetípicos y convencer al fragmento a retornar. Cuando lo encuentra, lo acoge, lo cura con soplos, cantos e intenciones, y lo trae de vuelta al cuerpo de la persona, generalmente soplándolo en su corazón, cabeza o plexo solar.

La experiencia del rescate del alma es profundamente transformadora. Muchos pacientes relatan sensaciones de reconexión, paz, lágrimas sin motivo, sueños vívidos con partes de sí retornando. Con el tiempo, recuperan energía, claridad y propósito. En términos del fenómeno que investigamos, el clon astral originado por trauma es disuelto por la reintegración: deja de ser un ente aparte porque retorna a la totalidad del ser.

Sin embargo, hay otro tipo de duplicación espiritual reconocido en las prácticas chamánicas — aquel que no nace de un trauma, sino de la voluntad del chamán. En muchas culturas, se cree que el hechicero o chamán experimentado es capaz de crear y enviar su "nagual", o doble espiritual, para actuar a distancia. Esta réplica puede asumir formas humanas, animales o incluso elementales. Es usada para curas, para protección, para investigaciones espirituales o, en casos sombríos, para ataques y hechizos. Aquí, tenemos un paralelo directo con la creación intencional de clones astrales como los descritos en la Magia del Caos. La diferencia es que, en el chamanismo, este proceso es ancestral, simbólico y profundamente ritualizado. Al crear su nagual, el chamán imprime parte de su alma en una forma simbólica, alimentada con energía vital y con propósitos claros. Este doble, sin embargo, permanece vinculado a él. Su existencia depende del vínculo y del mantenimiento ritual. Si no es reabsorbido o disuelto después del uso, puede escapar, vagar, corromperse. Algunos relatos antiguos hablan de chamanes enloquecidos tras perder el control de sus dobles, que pasaron a actuar por cuenta propia, creando caos en los mundos invisibles y en los planos terrenales. En estos casos, lo que era una herramienta sagrada se convierte en un clon astral descontrolado —una copia espiritual sin comando, influenciada por fuerzas no humanas y peligrosamente libre.

Las tradiciones chamánicas alertan, por tanto, sobre los riesgos del desdoblamiento irresponsable. El alma humana, aunque múltiple por naturaleza, es delicada en su integridad. Cada fragmento que se aleja representa no solo pérdida de energía, sino también de memoria, voluntad y protección. La fragmentación excesiva puede dejar al ser vulnerable a obsesores, enfermedades, mala suerte y desorientación existencial. El clon astral, como reflejo de esta fragmentación, es tanto síntoma como agente de desarmonía. Clama por retorno, pero puede resistirse. Busca su hogar, pero puede ya haber sido seducido por otras fuerzas. El trabajo del chamán es reconducirlo, con sabiduría, fuerza y amor.

Es notable que muchos de los relatos de posesión, bilocación, apariciones espectrales y estados alterados de conciencia descritos en contextos chamánicos coincidan con los fenómenos estudiados en escuelas esotéricas modernas bajo el nombre de "duplicación astral". El lenguaje cambia, el símbolo varía, pero el núcleo de la experiencia permanece: el ser humano puede desdoblarse, fragmentarse e incluso duplicarse energéticamente. Y cuando esto sucede de forma involuntaria, el resultado puede ser una entidad semiautónoma —el clon astral— que interfiere sutilmente en la vida del originador, aunque este ignore su existencia.

La respuesta chamánica a esto es simple, pero profunda: retorno al centro. Reintegración. Reconexión con la Tierra, con los ancestros, con los ritmos naturales. El chamán no ve el clon como enemigo, sino como una llamada. Una alerta de que algo está fuera de lugar. Y su cura no se hace con expulsiones violentas o dogmas, sino con escucha, con danzas, con sueños y con humildad ante el Misterio. El clon astral, bajo la óptica chamánica, es más que un fenómeno —es un maestro disfrazado. Muestra dónde se perdió el ser. Y su disolución no es un fin, sino un renacimiento: el retorno del fragmento al todo, del exiliado al hogar, del dolor a la integridad. Y el tambor continúa sonando, guiando el camino de vuelta a casa.

Capítulo 8
Visión Espírita

La Doctrina Espírita ofrece una interpretación amplia y sensible de las dinámicas invisibles que rigen la interacción entre el espíritu encarnado y las múltiples manifestaciones del plano espiritual. Fundamentada en las enseñanzas transmitidas por espíritus superiores y organizadas por Allan Kardec, esta visión comprende al ser humano como un espíritu eterno en proceso continuo de evolución, temporalmente revestido de un cuerpo físico y de una envoltura semimaterial llamada periespíritu. Este, a su vez, actúa como enlace entre los planos denso y sutil, funcionando como molde energético del cuerpo carnal y, al mismo tiempo, como vehículo de expresión de la individualidad espiritual en los estados de desdoblamiento, sueño, desencarnación o perturbación. Dentro de este campo de posibilidades, la existencia de duplicaciones espirituales, o fragmentaciones periespirituales, es reconocida como un fenómeno legítimo —aunque inusual y complejo— que puede ser comprendido a la luz de los principios espíritas como una consecuencia de desequilibrios emocionales, influencias obsesivas o condiciones kármicas específicas.

La maleabilidad del periespíritu, su sensibilidad a las vibraciones mentales y su capacidad de proyectarse en múltiples niveles dimensionales lo tornan susceptible a desdoblamientos involuntarios o fragmentaciones accidentales. Cuando ocurren intensos choques emocionales, traumas espirituales o patrones prolongados de negatividad mental, ciertas porciones del periespíritu pueden desgarrarse parcialmente de la estructura integral, asumiendo formas autónomas o semiautónomas en el plano espiritual. Tales formas, impregnadas de contenido psíquico denso —como rencor, rabia, miedo o deseo de venganza— pasan a actuar como entidades conscientes o semiconscientes, muchas veces manifestándose con apariencia, voz y personalidad similares a las del originador. A estas manifestaciones, la literatura espiritualista contemporánea ha asociado el término clon astral, comprendiéndolas como derivaciones del propio ser, mantenidas activamente por conexiones fluídicas, memorias emocionales no resueltas y, en muchos casos, explotadas por inteligencias espirituales inferiores.

El Espiritismo, al analizar este tipo de ocurrencia, no lo clasifica como una anomalía exterior o un ataque aislado, sino como un reflejo ampliado del estado interior del espíritu encarnado. La obsesión, en su forma más compleja, a menudo involucra estructuras sutiles que sobrepasan la simple conexión entre obsesor y obsesado: incluyen duplicaciones periespirituales moldeadas a partir del propio campo vibratorio de la víctima. Estas formas-pensamiento materializadas, dotadas de relativa autonomía, pueden actuar como instrumentos de dominación espiritual, interferencia mental y desgaste energético. Sin embargo, el enfoque espírita enfatiza que tales manifestaciones no son definitivas ni invencibles. Representan, sobre todo, una oportunidad de aprendizaje, de reequilibrio moral y de liberación. La cura espiritual ocurre por medio de la elevación de la frecuencia mental, de la renovación íntima y de la práctica constante del bien. Así, incluso ante el fenómeno del clon astral, la Doctrina Espírita reafirma su convicción fundamental: el espíritu humano es siempre señor de su destino y poseedor del poder de regenerarse por medio del amor, de la conciencia y de la reforma interior.

Allan Kardec, codificador del Espiritismo, al organizar los fundamentos de la doctrina con base en comunicaciones de espíritus superiores, no utilizó directamente la expresión "clon astral". Sin embargo, los principios por él establecidos permiten comprender la posibilidad de duplicaciones espirituales o desdoblamientos del periespíritu —la envoltura semimaterial que liga el espíritu al cuerpo físico. Este periespíritu, siendo maleable y susceptible a las emanaciones mentales y emocionales del individuo, puede, bajo ciertas condiciones, ser manipulado o fragmentado. Así, el fenómeno del clon astral puede ser interpretado como una forma degenerada de desdoblamiento o como un artefacto resultante de obsesiones profundas.

El periespíritu, según la Doctrina Espírita, es el intermediario entre el espíritu y la materia. Sirve de molde para el cuerpo físico, pero también de vehículo de expresión del espíritu cuando este se encuentra desencarnado o desdoblado. Durante el sueño, por ejemplo, es común que el espíritu se aleje parcialmente del cuerpo físico, manteniéndose ligado por un lazo fluídico conocido como cordón de plata. En esa condición, puede actuar en el mundo espiritual, encontrar otros espíritus, recibir instrucciones o incluso participar en actividades de socorro. Sin embargo, en algunos casos, debido a traumas, perturbaciones o ataques espirituales, este desdoblamiento puede generar formas semi-independientes —réplicas que se mantienen activadas incluso después del retorno parcial del espíritu al cuerpo físico.

Es aquí donde la investigación espiritualista moderna, especialmente en el campo de la apometría y de la mediumnidad de desobsesión, comienza a arrojar luz sobre los clones astrales. En centros espíritas y espiritualistas brasileños, muchos médiums relatan casos de obsesión en que la entidad manifestante no es propiamente un espíritu desencarnado, sino una forma extraída del propio periespíritu de la víctima. Esta forma tiene apariencia, voz e incluso gestos de la persona, pero actúa contra ella. Es como si un fragmento del yo hubiera sido secuestrado, programado y transformado en una marioneta espiritual, utilizada por obsesores o magos negros para influenciar la vida de la víctima de manera sutil y continua.

En el libro "Señores de la Oscuridad", de autoría mediúmnica, se describe una operación realizada por espíritus obsesores altamente especializados, que extraen porciones del cuerpo astral de sus víctimas durante el sueño o estados de perturbación. Esas porciones son moldeadas en réplicas astrales — verdaderos clones— que son mantenidos en laboratorios espirituales sombríos. Allí, estos clones son hipnotizados, condicionados y, después, religados a la mente del encarnado a través de una conexión fluídica. El resultado es devastador: el individuo pasa a tener pensamientos que no son suyos, sentimientos distorsionados, sueños inquietantes y, muchas veces, padecimientos que desafían el diagnóstico médico.

Este tipo de obsesión es conocido como subyugación compleja. No involucra solo la presencia de un espíritu perturbador, sino toda una ingeniería fluídica que transforma partes del propio ser de la víctima en instrumentos de su prisión espiritual. El clon astral, en este contexto, es un enlace entre el obsesor y el obsesado —un puente de interferencia, un caballo de Troya psíquico que opera dentro de la estructura energética de la persona, sabotando su voluntad, drenando su vitalidad y perturbando su paz.

La apometría, técnica desarrollada por José Lacerda de Azevedo, y posteriormente perfeccionada por diversos grupos espiritualistas, se ha mostrado particularmente eficaz en la identificación y tratamiento de estos casos. A través del desdoblamiento consciente de los médiums y del uso de comandos verbales específicos, los facilitadores consiguen localizar los clones astrales, identificar sus vínculos y promover su disolución o reintegración. En muchos relatos, los clones se muestran confusos, con apariencia de zombis o autómatas espirituales, sin plena conciencia de su origen. Cuando comprenden que son fragmentos de la persona y no espíritus independientes, entran en colapso energético y son reabsorbidos o desintegrados, según el caso.

En los centros espíritas tradicionales, el tratamiento de obsesiones profundas involucra pases magnéticos, plegarias, evangelio en el hogar, armonización mental y el acompañamiento continuo de la víctima. Aunque el lenguaje sea más simbólico y menos técnico que en la apometría, los efectos son similares: con el tiempo, el campo energético de la persona va limpiándose, las conexiones fluídicas nocivas se debilitan y la influencia del clon astral, si existe, es reducida hasta desaparecer.

Es importante destacar que, en la visión espírita, la existencia de un clon astral no es una condena. Es vista como una consecuencia de un desequilibrio espiritual anterior, muchas veces ligado a pensamientos negativos recurrentes, emociones descontroladas o deudas kármicas. Por eso, el tratamiento nunca es solo energético o mediúmnico —es moral. Se orienta al individuo a cambiar sus hábitos mentales, elevar sus pensamientos, cultivar la plegaria, la caridad y el estudio. Solo así se trata la raíz del problema, y no solo sus efectos.

Hay también registros de manifestaciones espontáneas de estos clones astrales durante sesiones mediúmnicas. Algunas entidades que se presentan como "espíritus obsesores" son, en verdad, formas-pensamiento animadas, creadas por el propio encarnado. Estas formas, al manifestarse por la mediumnidad, revelan sus orígenes: son copias de rabia, envidia, miedo o deseo de venganza, lanzadas a lo largo de los años y alimentadas inconscientemente. Se presentan con apariencia humana, hablan, lloran, reclaman, pero su esencia es energética, no espiritual. El médium las percibe con claridad, y los doctrinadores necesitan aplicar técnicas específicas para disolver el vínculo, desmagnetizar la forma y restituir la armonía al campo de la persona.

Hay un punto de profunda sabiduría en el modo como el Espiritismo encara estas manifestaciones. Kardec siempre enseñó que los espíritus —y, por extensión, cualquier forma de vida en el plano sutil— son seres en evolución. Esto incluye, por tanto, los fragmentos del alma humana que, por desajuste o interferencia, toman vida temporal. El clon astral, por más problemático que sea, es parte del proceso evolutivo del ser. Es la materialización de aquello que fue rechazado, ocultado o desequilibrado. Su disolución no debe hacerse con odio o miedo, sino con luz, comprensión y amor.

El Espiritismo también enseña que ninguna influencia espiritual se mantiene sin el permiso —aunque sea inconsciente— del encarnado. El clon astral, por lo tanto, no es una entidad invasora, sino una creación coautorizada. Esto implica responsabilidad y libertad: si fuimos capaces de crear, también podemos deshacer. Si nos fragmentamos, también podemos reunirnos. Y esa es, quizás, la mayor enseñanza de la Doctrina Espírita sobre el tema: el ser humano es cocreador de su destino, en todos los planos. Y hasta las sombras que surgen en el camino son invitaciones al crecimiento, a la luz y a la reconciliación consigo mismo. El clon astral, entonces, no es un enemigo, sino un espejo. Muestra lo que aún necesita ser curado, lo que aún sangra en el alma. Y al encararlo, con serenidad y fe, podemos, al fin, encontrar el camino de vuelta a la integridad espiritual —paso a paso, oración a oración, luz a luz.

Capítulo 9
Formas de Pensamiento

La realidad sutil que permea el universo mental y emocional humano está compuesta por una vastedad de formas moldeadas por la mente, las emociones y la voluntad. Cada pensamiento, al ser generado, se proyecta como un impulso energético que reverbera en el plano astral, cargando consigo la esencia vibratoria de su origen. Cuando esta emisión es ocasional o débil, se disipa rápidamente, como una brisa en el viento. Sin embargo, cuando el pensamiento es cargado de emoción intensa, reiterado con frecuencia y sustentado por imágenes mentales vívidas, gana densidad y forma, cristalizándose como una entidad vibracional activa —la forma-pensamiento. Esta se convierte no solo en un reflejo simbólico de su creador, sino en un agente con cierta autonomía energética, capaz de interferir en el campo emocional, mental y espiritual del individuo o de aquellos a quienes es dirigida. Es en este proceso creativo inconsciente y continuo donde se encuentra el origen de lo que, posteriormente, puede llegar a ser reconocido como un clon astral.

La génesis del clon astral está enraizada en la repetición y en la intensidad emocional. Diferente de las formas-pensamiento más simples, que representan solo ideas pasajeras o emociones puntuales, el clon astral es una entidad moldeada a partir de contenidos internos profundamente arraigados y recurrentes. Es el resultado de una acumulación simbólica prolongada —una imagen psíquica que, al ser alimentada por patrones emocionales persistentes, adquiere complejidad estructural. Se trata de una configuración energética sofisticada, conteniendo fragmentos de la memoria, de la identidad, de las motivaciones e incluso de la autoimagen del creador. Al alcanzar este nivel de cohesión, la forma-pensamiento deja de ser solo una proyección y se transforma en un reflejo autónomo: una réplica espiritual simbiótica, que interactúa con la realidad astral y, en muchos casos, actúa como una extensión disociada del propio ser.

Este fenómeno se manifiesta con mayor frecuencia en individuos que, por diversos motivos —traumas, represiones, deseos intensos o conflictos internos prolongados—, acaban proyectando partes de la psique fuera del campo consciente. La mente, al no conseguir integrar ciertos contenidos, busca aliviarlos por medio de la exteriorización simbólica, creando formas que, a lo largo del tiempo, se vuelven independientes. Así, la forma-pensamiento evoluciona hacia un clon astral, cargando no solo la emoción original, sino también el deseo de continuidad y preservación. Esta creación no es, necesariamente, maligna. Es, antes bien, una respuesta psíquica a un colapso interno, un intento inconsciente de mantener cohesión a través de la fragmentación. Comprender esta dinámica es fundamental para abordar no solo la disolución de estas entidades, sino también la necesidad de reestructuración emocional y psíquica que su existencia denuncia.

La creación de formas-pensamiento es un fenómeno constante, aunque imperceptible para la mayoría. Todo pensamiento generado por un ser humano carga en sí una vibración, una firma energética. Cuando ese pensamiento es fugaz o superficial, se disipa casi instantáneamente. Pero cuando es repetido, reforzado por emoción intensa —sea amor, miedo, rabia, envidia o deseo— y sustentado por concentración o hábito, comienza a condensarse en el plano astral. La materia sutil, que allí es extremadamente plástica, se moldea de acuerdo con el contenido simbólico y emocional de la idea emitida. El resultado es una entidad temporal que se mantiene activa mientras recibe energía de su creador.

Estas formas-pensamiento pueden asumir infinitas apariencias, dependiendo de su contenido emocional y del imaginario de quien las emitió. Un pensamiento de protección puede manifestarse como un escudo, un ángel, una esfera luminosa. Un pensamiento de odio puede asumir la forma de un monstruo, un cuchillo o un animal feroz. Tienen color, forma, movimiento e incluso una especie de rudimentaria inteligencia instintiva. Algunas son enviadas intencionalmente a otras personas, como en casos de magia mental o vampirismo psíquico. Otras simplemente orbitan el campo energético del creador, influenciándolo silenciosamente con las mismas vibraciones que las generaron.

La literatura esotérica describe formas-pensamiento de diversos niveles de complejidad. Están las más simples, creadas por pensamientos puntuales y emociones esporádicas. Son como chispas mentales que se apagan en poco tiempo. Están las intermedias, que se forman por medio de hábitos mentales recurrentes —un patrón de crítica, de miedo o de deseo, por ejemplo— y que permanecen en el campo áurico del individuo como verdaderas nubes vibratorias, afectando su humor, su salud y su claridad mental. Y están, por fin, las formas-pensamiento complejas: entidades creadas a partir de sentimientos intensos y prolongados, aliados a imágenes mentales vívidas y sustentados a lo largo del tiempo. Es en este último grupo donde se inserta el clon astral.

Es una forma-pensamiento de altísima complejidad, un fragmento condensado de la propia psique, que se cristalizó de forma tan densa en el plano astral que pasó a actuar como una copia espiritual. A diferencia de las formas-pensamiento comunes, el clon carga no solo una emoción o idea, sino un conjunto estructurado de memorias, patrones, comportamientos e imágenes del propio creador. Es, por así decirlo, una entidad simbiótica, nacida de la repetición, del deseo y del dolor, y sustentada por un lazo energético que se mantiene mientras el patrón emocional original no sea transformado.

Este proceso es especialmente común en personas que vivencian conflictos internos profundos. Cuando un aspecto de la personalidad es reprimido —un deseo, un recuerdo, una emoción no aceptada—, no desaparece. Al contrario, tiende a proyectarse hacia fuera, buscando un espacio simbólico donde pueda existir. Si este aspecto es alimentado con intensidad, gana forma. Y si es sustentado con consistencia, esa forma se autonomiza. Es así como, sin querer, muchos crean clones astrales: proyectando fuera de sí partes de su sombra psíquica que no soportan enfrentar.

En las tradiciones orientales, particularmente en el budismo tibetano, existe la noción de *tulpas* —seres formados por la mente humana con tanto vigor que adquieren existencia propia. Estos constructos mentales pueden ser positivos o negativos, dependiendo de la intención del creador. Un practicante avanzado puede crear una tulpa para ayudarle en su viaje espiritual, como un guardián o compañero de meditación. Sin embargo, existen relatos de tulpas que escaparon al control del creador, adquiriendo rasgos independientes, resistiendo a la disolución e incluso interfiriendo en la vida del creador. Es el mismo principio del clon astral: una forma-pensamiento tan densa y estructurada que sobrepasa el papel de reflejo y se convierte en una entidad con agencia propia.

En las escuelas ocultistas de Occidente, especialmente en la Teosofía y en la Magia del Caos, el estudio de las formas-pensamiento es una de las bases para la comprensión de la magia mental. El operador aprende a generar, alimentar, programar y disolver estas formas. Pero también es alertado sobre los riesgos de crearlas inconscientemente. Un pensamiento de autodesprecio, repetido diariamente y reforzado por emociones negativas, puede convertirse en una forma-pensamiento sombría que se fija en el chakra del plexo solar y pasa a sabotear todas las iniciativas de autovaloración. Un deseo obsesivo por venganza, por ejemplo, puede generar un clon astral rencoroso que vaguea por el astral intentando herir simbólicamente al objetivo —y retornando al creador con consecuencias vibratorias imprevisibles.

El problema se agrava cuando estas formas-pensamiento encuentran afinidad con entidades del plano astral inferior. Las larvas astrales y otros seres oportunistas, al percibir la presencia de una forma vibratoria intensa, se aproximan, se alimentan de ella y, en algunos casos, se fusionan con ella. El clon astral, en estos casos, se vuelve híbrido: parte del creador, parte del obsesor. Esta unión genera un ser aún más complejo, difícil de ser disuelto, pues ya no responde solo al creador, sino también a otras influencias. Es por eso que algunos clones parecen resistentes a oraciones, baños energéticos e intentos de reintegración. Ya se han transformado en entidades compuestas, exigiendo intervenciones espirituales específicas para su disolución.

La comprensión de las formas-pensamiento también permite entender la responsabilidad energética de cada uno. Los pensamientos no son inofensivos. Las emociones no son neutras. Cada emisión vibratoria crea ondas en el tejido del plano sutil, y esas ondas pueden condensarse en formas. El clon astral, por más aterrador que parezca, es solo la culminación de un proceso de creación inconsciente que se dio a lo largo del tiempo. Es un espejo que dice: "Así pensaste. Así sentiste. Esto creaste." Y como toda creación, puede ser deshecho —no por negación, sino por transformación.

Disolver un clon astral exige, por lo tanto, más que rituales externos. Exige cambio interno. La fuente de su alimentación —el pensamiento obsesivo, la emoción reprimida, el patrón negativo— necesita ser interrumpida. La psique debe ser reorganizada. El individuo debe asumir el comando del propio campo mental y emocional. Solo así el vínculo se rompe. Cuando la fuente de energía cesa, la forma-pensamiento comienza a deshacerse naturalmente, como una vela que se apaga sin combustible. El clon astral es una forma-pensamiento llevada a su grado máximo de complejidad. Carga los colores de la emoción, la forma del pensamiento y la densidad del hábito. Y aunque parezca una entidad externa, es, en verdad, una extensión del propio ser. Un hijo de la mente, un producto del alma en desarmonía. Reconocerlo como tal es el primer paso para disolverlo. Y disolverlo es, al fin, reencontrarse con una parte de sí que pide luz, conciencia y reintegración.

Capítulo 10
Causas Internas

La formación de un clon astral, cuando se analiza bajo la óptica de las causas internas, revela un proceso profundo de fragmentación psíquica que opera silenciosamente en las capas más sutiles del ser. A diferencia de las explicaciones que atribuyen tales ocurrencias a influencias externas o manipulaciones espirituales de terceros, este enfoque pone el foco en el universo íntimo del individuo, donde emociones no resueltas, patrones mentales cristalizados y conflictos inconscientes forman el caldo vibratorio propicio para la generación de réplicas astrales. El clon, en este contexto, es un producto directo del propio creador, una extensión condensada de contenidos que no fueron adecuadamente acogidos, elaborados o integrados. Emerge como un reflejo del dolor que no fue sentido, del deseo que no pudo ser vivido, de la identidad que fue reprimida. Al comprender esta dinámica, se vuelve posible no solo reconocer la génesis de la duplicación, sino también construir un camino real y eficaz para su reintegración.

Las emociones reprimidas desempeñan un papel central en este proceso. Cuando sentimientos intensos como culpa, envidia, miedo o resentimiento son evitados o negados de forma sistemática, el psiquismo no los anula —los almacena, encapsula y, eventualmente, los proyecta fuera del campo consciente. Esta proyección, alimentada repetidamente, da origen a una forma simbólica que carga la frecuencia vibratoria del contenido original. Tal forma puede desarrollarse de manera silenciosa por años, pasando desapercibida, hasta que alcance densidad suficiente para interactuar con el campo mental o emocional de forma perceptible. Esta interacción se manifiesta en sensaciones de conflicto interno, comportamientos autosabotadores, disturbios de identidad o incluso en sueños vívidos con figuras que personifican aspectos rechazados del propio ser. Al contrario de lo que se supone, el surgimiento del clon no es repentino: es el resultado de un proceso continuo de alimentación energética inconsciente.

Otro elemento decisivo está en la relación entre el yo idealizado y la sombra personal. El intento de mantener una imagen social, espiritual o moralmente aceptable puede llevar a la exclusión violenta de partes legítimas de la psique que, aunque incómodas, componen el todo del individuo. Estas partes, relegadas al inconsciente, pasan a buscar medios de expresión simbólica —y el plano astral ofrece el campo propicio para ello. El clon astral, en este caso, surge como el portador de aquello que fue exiliado: deseos negados, miedos no reconocidos, pulsiones no elaboradas. Su existencia es una alerta: carga los mensajes que el ego se negó a escuchar. Verlo como enemigo solo refuerza la división interna; reconocerlo como parte del propio proceso de autodefensa y autopreservación es el primer paso para disolverlo. El retorno a la unidad exige esta escucha amorosa de aquello que el alma intentó callar.

El primer aspecto a considerar son las emociones profundas y no resueltas. Rabia contenida, tristeza crónica, resentimientos arraigados, miedos cultivados en silencio —todas estas fuerzas vibran intensamente en el cuerpo astral. Cuando estas emociones permanecen activas por períodos prolongados, generan zonas de inestabilidad en el campo sutil. Estas zonas, a su vez, se convierten en vórtices energéticos que atraen, condensan y eventualmente expelen partes de la conciencia como forma de autoprotección. El individuo no consigue más sostener aquella energía dentro de sí, y entonces es proyectada hacia fuera, creando una entidad simbólica —un clon astral que carga el contenido vibratorio que el originador no consiguió integrar.

Este proceso puede ser sutil. Imagina una persona que, durante años, alimenta un deseo de fuga de su propia realidad. Sueña con ser otra, vivir otra vida, dejar todo atrás. Al principio, esto parece inofensivo. Pero la mente, al repetir tales deseos con intensidad emocional, comienza a moldear un reflejo psíquico. Este reflejo se organiza en el plano astral como una réplica que representa esa "versión deseada" de la persona. El clon nace como una especie de avatar inconsciente del deseo de evasión. Con el tiempo, esta réplica pasa a manifestarse en sueños, interferir en las decisiones, inducir sensaciones de insatisfacción y ampliar el sentimiento de inadecuación. Todo esto porque un pedazo de la conciencia fue proyectado —y ahora actúa con relativa autonomía.

Otro factor de riesgo es el conflicto entre persona y sombra. La persona es el rostro social, la imagen que el individuo proyecta al mundo —controlada, funcional, moralmente aceptable. La sombra, por su parte, es el conjunto de deseos, impulsos y características que fueron reprimidas o juzgadas inaceptables. Cuando este conflicto se acentúa, el campo astral sufre. La parte reprimida, negada por la conciencia, tiende a buscar expresión de algún modo. Y como el campo psíquico no soporta vacíos, lo que no es integrado tiende a desplazarse hacia fuera. Surge, entonces, un clon astral que carga el contenido de la sombra —muchas veces con una apariencia distorsionada, comportamiento agresivo o instintual, y propensión a causar sabotajes emocionales o espirituales.

La psicología analítica, al tratar de la sombra, habla de la necesidad de integrarla al self consciente para evitar proyecciones destructivas. En el plano espiritual, esto significa reconocer que el clon astral no es un enemigo, sino un mensajero. Revela lo que aún no ha sido aceptado. Su simple existencia apunta a un punto ciego, un rincón del alma que clama por reconocimiento. E ignorarlo solo aumenta su poder, pues lo que es rechazado tiende a crecer en la oscuridad.

Prácticas espirituales mal conducidas también pueden generar clones astrales por causas internas. Cuando una persona se involucra con meditación, proyección astral, invocaciones u otras técnicas esotéricas sin la debida preparación emocional y mental, corre el riesgo de activar áreas de la psique que aún no están listas para ser liberadas. Por ejemplo, alguien que busca salir del cuerpo regularmente, pero carga traumas no curados, puede proyectar un fragmento de sí que, una vez liberado, no consigue retornar con facilidad. Ese fragmento, alimentado por miedo o deseo, puede cristalizarse como un clon astral. Y al contrario de lo que el practicante piensa, no está solo explorando planos superiores —está perdiendo partes de sí en el proceso.

Esta pérdida, aunque sutil, se manifiesta en síntomas concretos. Sensación de vacío existencial, pérdida de energía sin causa aparente, dificultad de concentración, sueños recurrentes con un "otro yo", sensación de no estar solo dentro de la propia mente — todos son indicios de que algo se fragmentó. El clon, en este escenario, no es un ataque externo, sino el eco de una práctica hecha sin discernimiento, sin anclaje o sin el acompañamiento necesario.

Un punto especialmente delicado es el de los deseos reprimidos. Muchos clones astrales se originan de impulsos intensos que fueron conscientemente rechazados. Deseos sexuales, ambiciones de poder, sentimientos de superioridad o de venganza —todos estos contenidos, cuando son reprimidos por moral, miedo o vergüenza, no desaparecen. Buscan vías alternativas para existir. Y en el plano astral, pueden condensarse como réplicas espirituales. Esos clones son, muchas veces, los más difíciles de aceptar, pues revelan aspectos que el individuo no quiere reconocer como suyos. Pero son, al mismo tiempo, los que más urgentemente necesitan ser mirados, comprendidos y reintegrados.

Existen también los casos en que el clon astral se forma por un mecanismo de compensación psicológica. Personas que sufrieron pérdidas profundas —como muerte de seres queridos, frustraciones amorosas o colapsos emocionales— pueden, inconscientemente, crear réplicas para "sustituir" la parte que fue perdida. La mente, en su esfuerzo por evitar el sufrimiento, crea un otro yo que no siente dolor, que es fuerte, que continúa incluso cuando la persona original quiere parar. Ese clon puede parecer un aliado, pero con el tiempo se revela un peso. Impone patrones, exige control, chupa energía. Al fin y al cabo, fue creado para soportar lo que el creador no quería enfrentar. Pero ninguna sustitución dura para siempre —y el precio de mantener un clon emocional activo es demasiado alto para el alma.

De esta forma, podemos percibir que las causas internas del surgimiento del clon astral no son solo errores —son mecanismos de defensa del inconsciente. Son intentos del alma de mantener la integridad en medio del caos. Pero esos intentos, cuando no son reconocidos, acaban convirtiéndose en prisiones. El clon se transforma en el carcelero silencioso que impide el crecimiento verdadero, pues mantiene la energía presa al pasado, al trauma, al patrón no resuelto.

La cura comienza con el reconocimiento. Admitir que el clon astral fue creado a partir de un dolor interno es el primer paso. Después, es preciso desactivar la fuente de energía que lo mantiene. Esto exige coraje para enfrentar lo que fue negado: la emoción no sentida, el deseo prohibido, la memoria dolorosa. En muchos casos, terapias espirituales son necesarias —pero también lo son las psicológicas. Pues el clon astral no es solo un problema espiritual; es un síntoma de la psique. Muestra dónde hay fragmentación. Y solo el autoconocimiento puede restaurar la unidad perdida.

El camino, por lo tanto, no es de combate, sino de reintegración. El clon astral, cuando es visto con ojos de sabiduría, se convierte en un profesor. Muestra lo que necesita ser curado. Saca a la luz lo que fue enterrado. Y al ser comprendido, acogido y disuelto, devuelve al individuo aquello que le fue arrancado: la integridad, la claridad, la soberanía sobre sí mismo.

Capítulo 11
Causas Externas

La duplicación astral provocada por agentes externos representa una de las manifestaciones más inquietantes y peligrosas del fenómeno energético. Emerge no como una consecuencia de conflictos internos o desajustes emocionales del individuo, sino como el resultado de acciones deliberadas llevadas a cabo por conciencias ajenas, que operan con la intención específica de manipular, subyugar o explotar psíquicamente a la víctima. En esta dinámica, el clon astral es una construcción arquitectada fuera de la voluntad del huésped, utilizando brechas sutiles en su campo energético. Esta intervención no respeta fronteras entre los mundos visible e invisible y se manifiesta con estrategias sofisticadas que desafían la percepción ordinaria de la realidad. La víctima, muchas veces, desconoce totalmente que parte de su energía ha sido secuestrada y moldeada por inteligencias externas con finalidades oscuras. Se trata de un fenómeno que trasciende la simple influencia espiritual, adentrándose en el campo de la ingeniería oculta aplicada sobre el cuerpo sutil.

Las fuerzas que promueven este tipo de invasión no son casuales ni improvisadas. Operan a partir de conocimiento acumulado y de técnicas refinadas a lo largo de los milenios, encontradas en tradiciones ocultistas, doctrinas espiritualistas y relatos ancestrales de civilizaciones distintas. Espíritus obsesores, magos negativos y entidades del astral inferior son ejemplos de estos agentes que manipulan con precisión aspectos del periespíritu humano, creando réplicas que funcionan como mecanismos de interferencia y control. La intención detrás de estas creaciones varía desde el drenaje energético hasta la inducción de estados mentales y emocionales que debilitan el discernimiento y reducen la resistencia espiritual de la persona. En vez de actuar directamente sobre el individuo, estas conciencias se valen del clon astral como puente vibratorio, manteniéndose ocultas mientras ejercen influencia continua y profunda sobre su víctima.

El impacto de estas duplicaciones externas es devastador precisamente por su sutileza. La víctima puede sentir cansancio extremo, lapsus de conciencia, distorsiones emocionales y espirituales, e incluso una sensación de no pertenencia al propio cuerpo o mente. Sin embargo, sin evidencia física o lógica que explique estos síntomas, tiende a atribuirlos al estrés cotidiano, a problemas psicológicos o a perturbaciones pasajeras. Esto amplía aún más el dominio de las entidades, pues cuanto mayor es la ignorancia sobre lo que realmente ocurre, mayor es la eficacia del control ejercido. El clon, en este contexto, no es solo una réplica energética: es una herramienta de manipulación consciente, proyectada con precisión para ocupar espacios sensibles del campo vibracional de la persona, interrumpiendo conexiones espirituales superiores e instaurando un patrón de desequilibrio continuo. El reconocimiento de la existencia de estas causas externas es el primer paso para el rescate de la autonomía espiritual y de la soberanía energética del ser.

Una de las formas más recurrentes de creación externa de clones astrales se da a través de la acción de espíritus obsesores. Estos seres, desencarnados que se mantienen presos a planos inferiores por apego, rabia, ignorancia o perversidad, desarrollan técnicas complejas de dominio psíquico. No se trata de simples aproximaciones vibratorias o de inducciones telepáticas. En muchos casos, se trata de verdaderas intervenciones quirúrgicas en el periespíritu de la víctima. El obsesor, al identificar una vulnerabilidad emocional o energética, utiliza ese punto de entrada para manipular partes del cuerpo astral. Y con conocimiento adecuado, puede extraer, duplicar o moldear una parte del periespíritu de la víctima en un clon astral bajo su comando.

Este clon, aunque cargue la apariencia y la firma vibratoria del original, ya no está bajo su control. Se convierte en una extensión de la voluntad del obsesor, funcionando como una marioneta espiritual. La víctima, muchas veces sin saberlo, pasa a ser influenciada por impulsos que no reconoce como propios, sufre con agotamiento inexplicable, oscilaciones emocionales intensas, lapsus de conciencia y hasta alteraciones de comportamiento. El clon, en este contexto, actúa como un intermediario, un canal de acción entre el obsesor y la mente de la víctima. Y por haber sido moldeado a partir de la propia esencia del huésped, tiene acceso profundo a sus miedos, recuerdos y patrones mentales.

En centros espiritualistas y grupos de apometría, este tipo de caso es descrito como un proceso de "clonación fluídica", donde una parte del cuerpo astral de la persona es separada, moldeada y programada por entidades espirituales. Algunas de estas entidades son verdaderos "tecnólogos del astral inferior", espíritus altamente especializados en manipular energía, implantar dispositivos y crear formas de dominio sofisticadas. Operan con precisión y discreción, muchas veces sin que la víctima tenga ninguna conciencia de lo que está ocurriendo. El clon generado es entonces ligado al original por cordones energéticos ocultos, que permiten no solo el drenaje de energía, sino también la inserción de pensamientos, sentimientos e impulsos.

Otro campo de actuación de las causas externas es la magia negativa. Dentro de las prácticas de brujería maliciosa, goecia pervertida y hechicería volcada al dominio psíquico, existen rituales específicos para la creación de réplicas astrales de una persona. Uno de los métodos más antiguos es el uso de muñecos simbólicos —los llamados muñecos vudú—, donde el mago utiliza elementos del objetivo (cabellos, uñas, fotografías, ropas usadas) para establecer una conexión vibratoria. A partir de esta conexión, y con rituales adecuados, es posible construir una forma astral que se asemeja a la víctima y que pasa a servir como sustituto espiritual de ella. Esta réplica es entonces utilizada como receptáculo de comandos, maldiciones o influencias que, por simpatía vibracional, alcanzan al original.

Tales prácticas son antiguas y universales. Hay registros similares en culturas africanas, europeas, asiáticas e indígenas. Todas comparten la noción de que es posible actuar sobre una persona a distancia, manipulando una representación suya. En el caso del clon astral, esta representación no es solo simbólica, sino energética. La réplica, una vez creada, pasa a tener vida propia en el plano sutil, influenciando directamente el campo vibracional del objetivo. La persona comienza a experimentar síntomas psíquicos y físicos sin causa aparente: confusión mental, sensación de invasión, sueños extraños, fatiga constante, caída de energía sexual y vital, entre otros.

En muchos casos, el clon astral creado por magia negativa actúa como una barrera entre la víctima y sus guías espirituales. Bloquea la intuición, distorsiona mensajes recibidos en sueños o meditaciones y crea un campo de interferencia que dificulta el contacto con el plano superior. Además, funciona como un punto de anclaje para otras entidades. Una vez que el clon está conectado al original, se convierte en una vía de acceso para obsesores, vampiros astrales y otras conciencias depredadoras. Estas entidades se alimentan de la energía generada por la tensión constante, por las emociones negativas y por la confusión mental provocada por la presencia del clon.

Hay también casos en que el clon es implantado en personas que frecuentan ambientes de baja vibración espiritual: locales donde se realizan rituales dudosos, sesiones de magia egoísta o encuentros con intenciones ocultas. En esos ambientes, las energías son densas, y si la persona está fragilizada o desatenta, puede ser "marcada" por una entidad que, con el tiempo, extraerá una parte de su energía para formar un clon. Este clon, entonces, permanece al acecho, muchas veces instalado en el campo energético de la propia persona o en un ambiente específico. La persona comienza a sentirse drenada, inestable, como si estuviera "fuera de sí". Y lo está —pues una parte suya fue separada y está siendo usada contra ella misma.

Es importante destacar que estas causas externas solo consiguen actuar cuando hay una brecha interna. Nadie es totalmente vulnerable a ataques espirituales sin que, en algún nivel, haya abierto espacio para ello. La rabia mantenida, el rencor no resuelto, el deseo de venganza, la envidia, el orgullo excesivo —todos estos sentimientos crean fisuras en el campo energético. Y son esas fisuras las que los magos negativos y obsesores exploran. Así, incluso cuando el clon astral es creado desde fuera, solo se liga al original porque encuentra resonancia. La manipulación externa siempre encuentra un eco interno que la sustenta.

La disolución de estos clones requiere un enfoque multifacético. Es preciso limpiar el campo energético, cortar los vínculos vibratorios, deshacer los comandos mentales y restaurar la integridad del cuerpo astral. En centros espiritualistas, esto se hace a través de pases, oraciones, uso de hierbas, sahumerios, tratamientos apométricos, regresiones y técnicas de protección. En rituales de magia blanca, se utiliza la transmutación alquímica de la energía, la elevación de la frecuencia vibracional y la invocación de fuerzas superiores para deshacer los lazos creados. Lo fundamental es entender que el clon no es solo una entidad —es un enlace. Y cortar ese enlace requiere tanto acción externa como transformación interna.

La víctima también necesita asumir su parte en el proceso. Necesita reequilibrar sus pensamientos, purificar sus emociones, cortar hábitos nocivos y fortalecer su espiritualidad. Sin este cambio, aunque el clon sea disuelto, otro podrá ser creado. La vigilancia es continua. La integridad energética no es un estado, sino una práctica diaria. Y a medida que la persona se fortalece, las posibilidades de interferencia disminuyen drásticamente.

Las causas externas de la creación de clones astrales nos recuerdan que el universo espiritual es un campo dinámico de relaciones. Hay fuerzas que quieren elevarnos y hay fuerzas que quieren aprisionarnos. Pero el libre albedrío es siempre nuestro. Incluso ante las manipulaciones más sutiles, la conciencia despierta es capaz de deshacer cualquier nudo. El clon astral, aun cuando es creado por otro, no es invencible. Es una sombra moldeada por artificio. Y toda sombra, por más densa que sea, se deshace en la presencia de la luz. Esa luz, que es la verdad interior, la fuerza del alma, la claridad de la mente y la pureza del corazón, es la única arma que nunca falla.

Capítulo 12
Trauma y Fragmentación

El impacto de un trauma profundo sobrepasa las fronteras del sufrimiento emocional y reverbera por toda la estructura multidimensional del ser, instaurando un proceso de fragmentación que compromete la integridad psíquica y espiritual. Cuando el dolor alcanza un umbral insoportable, el sistema interno recurre, de forma instintiva, a mecanismos de autoprotección que involucran el aislamiento de partes de la conciencia. Estas porciones, impregnadas por la carga emocional del evento traumático, no desaparecen —se destacan del núcleo del yo y pasan a existir de forma autónoma en los planos sutiles, creando réplicas energéticas que conservan las memorias, los sentimientos y las creencias asociadas a la experiencia original.

Este proceso de escisión, que opera silenciosamente en las capas profundas de la psique, da origen a fragmentos astrales que funcionan como satélites del dolor: orbitan la conciencia central, influencian decisiones, moldean reacciones y perpetúan patrones de sufrimiento. Estos fragmentos no son solo reminiscencias emocionales; se convierten en formas sutiles con identidad propia, desarrollando cierta autonomía comportamental y energética. Al establecerse en el plano astral, adquieren características que los hacen perceptibles en estados alterados de conciencia, como meditaciones, sueños lúcidos y prácticas de regresión. Asumen, muchas veces, apariencias simbólicas directamente ligadas al tipo de trauma vivenciado —representaciones que, aunque no sean reconocidas de inmediato por el consciente, cargan la verdad oculta de un dolor no procesado.

El fenómeno de la duplicación, en este contexto, no es producto de un intento deliberado, sino consecuencia inevitable del intento inconsciente de contener el dolor. Es como si el alma, para sobrevivir, tuviera que dejar partes de sí atrás, en cámaras selladas en el tiempo. Estas réplicas energéticas, formadas bajo el signo del sufrimiento, se convierten en influencias recurrentes y persistentes en la vida cotidiana. Atraen eventos similares a los que les dieron origen, recrean contextos de dolor, sabotan relaciones e impiden la realización de propósitos más elevados. No como un castigo, sino como un intento inconsciente de reintegración, de cierre de ciclos. Al manifestarse como fuerzas internas conflictivas o como estados emocionales desproporcionados, estos clones psíquicos denuncian la existencia de un núcleo herido que clama por atención. Más que síntomas, son expresiones vivas de una petición de cura. La presencia de estos fragmentos no indica debilidad, sino la profundidad de la experiencia humana —y apunta, con precisión, dónde está la llave para la verdadera transformación interior.

La fragmentación espiritual provocada por traumas es un fenómeno reconocido en múltiples tradiciones. En el chamanismo, se habla de la pérdida de alma: cuando una parte del ser se aleja para no enfrentar el horror vivido. En el esoterismo occidental, se habla de desdoblamiento traumático, en que porciones de la conciencia se separan del todo, originando entidades semiautónomas. En la psicología transpersonal, se reconoce la existencia de subpersonalidades o complejos disociativos que asumen el control del individuo en momentos de crisis. En todos estos casos, el lenguaje varía, pero el núcleo de la experiencia permanece: el trauma intenso tiene el poder de partir al ser en pedazos.

Cuando un trauma no es integrado —sea por falta de soporte, por represión emocional o por mecanismos de defensa inconscientes—, se encapsula. La memoria del evento, la emoción asociada y la parte del self que vivenció aquello son aisladas de la conciencia principal. Lo que sobra es un fragmento congelado, que continúa existiendo en un punto remoto de la psique o, más frecuentemente, del plano astral. Este fragmento, a lo largo del tiempo, puede adquirir características de autonomía: pasa a tener sus propias reacciones, deseos, patrones e incluso formas simbólicas. Se convierte, de hecho, en un clon astral —un pedazo de la persona viviendo fuera de ella, reescenificando eternamente el momento del dolor original.

Muchos de estos clones no aparecen con la apariencia exacta del creador. Se manifiestan como niños asustados, adolescentes rabiosos, mujeres en llanto, hombres violentos —figuras que representan el aspecto traumatizado de la psique. Son partes que quedaron presas en el tiempo, congeladas en la frecuencia del sufrimiento. Y cuando estas réplicas se vuelven conscientes en el plano astral, comienzan a interferir en la vida del individuo. Atraen situaciones similares a aquellas que originaron el trauma, en un intento inconsciente de resolución. Crean patrones repetitivos de fracaso, abuso, abandono, rechazo. Son como ecos del pasado que se niegan a morir.

Es importante comprender que estas manifestaciones no son enemigas. Son gritos de socorro. Son pedazos del alma que claman por acogida, por reconocimiento, por amor. El clon astral generado por trauma es, en esencia, un símbolo vivo del dolor que no fue curado. Carga la energía del evento, el peso de la emoción reprimida, la carga de las creencias limitantes formadas en aquella ocasión. Y mientras no sea reintegrado, continuará influenciando el campo energético de la persona, drenando su vitalidad, interfiriendo en sus relaciones, sabotando sus proyectos y distorsionando su percepción de sí misma.

Estos clones, por estar profundamente ligados a emociones de sufrimiento, suelen fijarse en regiones específicas del cuerpo energético —especialmente en el plexo solar (centro de las emociones), en el cardíaco (centro de los dolores afectivos) y en el laríngeo (centro de la expresión). Es común que la persona sienta dolores físicos inexplicables en esas áreas, o sensaciones de peso, bloqueo, calor o frío intenso. También es frecuente la ocurrencia de sueños recurrentes con versiones de sí misma en situaciones de sufrimiento o conflicto, o con figuras simbólicas que, en verdad, representan al clon en busca de contacto.

Muchos de estos fragmentos asumen una postura defensiva. Acostumbrados al dolor y al abandono, resisten la reintegración. Se manifiestan con hostilidad, desconfianza o indiferencia. Por eso, enfoques agresivos no funcionan. La disolución de un clon astral traumático no se da por combate, sino por compasión. El trabajo de cura requiere escucha, presencia y empatía. Es preciso mirar al fragmento con ojos de madre, de padre, de amigo fiel. Decirle: "Te veo. Reconozco tu dolor. Me perteneces. Ven a casa."

Terapias de regresión, cura del niño interior, visualizaciones guiadas y prácticas chamánicas de rescate del alma son herramientas eficaces para este proceso. En estos métodos, el individuo accede a los planos sutiles de su conciencia y reencuentra el fragmento perdido. El encuentro, muchas veces, es profundamente emocional. La persona se ve a sí misma en una versión más joven, en llanto, en pánico, o simplemente desconectada. La simple reconexión ya inicia el proceso de cura. Pero el paso siguiente —la reintegración— exige intención, perdón y compromiso. Perdonarse a sí mismo por lo que no pudo evitar. Liberar la emoción retenida con seguridad. Reprogramar las creencias que fueron instaladas en aquel momento. Todo esto forma parte del trabajo de disolución del clon astral traumático. Y, una vez concluido, los efectos son profundos: alivio emocional, claridad mental, sensación de presencia, aumento de energía y, sobre todo, la percepción de estar entero nuevamente.

Vale resaltar que, en casos más graves, el clon puede haber sido cooptado por entidades del plano astral inferior. Esto ocurre cuando el fragmento, vibrando en dolor intenso, atrae hacia sí la atención de obsesores o formas-pensamiento negativas. Esos seres se aprovechan de la fragilidad de la réplica para alimentarla con emociones negativas y utilizarla como punto de acceso al campo energético del creador. El clon se convierte, entonces, en un caballo de Troya espiritual, facilitando la influencia de fuerzas externas sobre la persona. En estos casos, además de la cura emocional, es necesario un trabajo espiritual específico: destierros, limpiezas energéticas, apometría, pases magnéticos e invocaciones de protección.

Sin embargo, incluso en estos casos, el principio permanece: el clon es una parte de la persona. Y solo ella puede autorizar, en última instancia, su disolución. Por eso, la recuperación del poder personal es tan importante. Al asumir la responsabilidad por su cura, el individuo interrumpe el flujo de energía que sustenta la réplica. Al integrar el dolor, disuelve la forma. Y al acoger la parte herida, se vuelve más fuerte, más entero, más consciente.

El trauma fragmenta. Pero la conciencia cura. El clon astral, aunque parezca un enemigo, es en verdad una invitación a la reconciliación con el pasado. Es el mapa del dolor no resuelto. Y quien tiene coraje de seguirlo hasta el fin, encuentra, en el centro del laberinto, no un monstruo, sino un niño asustado. Al abrazarlo, todo cambia. El clon desaparece. La sombra se ilumina. Y el ser se reencuentra consigo mismo, más profundo, más verdadero, más pleno.

Capítulo 13
Magia Negativa

La manipulación intencional de las fuerzas sutiles con finalidades destructivas revela una faceta sombría de la interacción entre conciencias en el plano astral. En el campo de la magia negativa, cada acto es cuidadosamente arquitectado para interferir en el libre albedrío, sabotear la armonía y debilitar la esencia vital del objetivo elegido. La creación de clones astrales dentro de este contexto representa una de las estrategias más sofisticadas e insidiosas utilizadas por magistas que actúan en sintonía con corrientes involutivas. Estos operadores no solo conocen las leyes que rigen la manipulación energética, sino que dominan técnicas específicas de duplicación fluídica con la intención de subyugar, espiar, desviar o comprometer el flujo natural del alma humana. A diferencia de las proyecciones inconscientes o de los fragmentos generados por trauma, el clon aquí es moldeado con intención y precisión, funcionando como un enlace parasitario entre el mago y la víctima.

La ingeniería astral involucrada en la formación de estos clones se basa en la utilización deliberada de elementos que vibran en resonancia con la víctima. A partir de la recolección de objetos personales, residuos biológicos, datos vibracionales o astrológicos, el magista establece un puente directo con el campo sutil del individuo. Esta conexión, una vez activada, permite el acceso y la extracción de porciones energéticas auténticas, que son entonces moldeadas en una forma pensante con estructura y comportamiento propios. El clon resultante no es una mera copia simbólica —es una réplica actuante, programada para operar como extensión de la voluntad del mago. Sus funciones pueden variar desde causar perturbaciones emocionales y mentales hasta bloquear completamente el acceso de la víctima a su intuición, guías espirituales o propósito superior. En algunos casos, es instalado como barrera en el campo espiritual; en otros, como canal directo de interferencia.

    El verdadero peligro de estos clones creados por magia negativa está en su naturaleza híbrida: comparten la firma vibracional de la víctima, pero operan bajo comando externo. Esto confiere al ataque un grado elevado de camuflaje y eficacia. Las alteraciones vividas por la persona son confundidas con cuestiones emocionales propias, llevándola a buscar soluciones inadecuadas o ineficaces. Siente cansancio sin motivo, vive estados de confusión mental, enfrenta caídas súbitas de energía o es acometida por pensamientos destructivos que no reconoce como suyos. Poco a poco, su vitalidad espiritual es corroída, su voluntad es debilitada y su percepción de sí misma se vuelve distorsionada. El clon se convierte, entonces, en un agente de reprogramación, redireccionando la trayectoria del alma hacia el desorden, el miedo y el alejamiento de su esencia más elevada. Identificar esta manipulación es el primer paso para neutralizarla y restaurar el poder personal.

Es necesario comprender que la magia negativa no actúa de manera aleatoria. Se vale de leyes naturales —las mismas leyes que rigen la magia blanca—, pero las aplica con finalidades opuestas a las del bien común. La manipulación de formas-pensamiento, la proyección intencional de energía, la actuación sobre el cuerpo astral de terceros, todo esto está dentro del alcance de la acción mágica. Cuando un operador de la magia negativa elige un objetivo, inicia un proceso minucioso de análisis vibratorio, identificación de puntos débiles y recolección de elementos simbólicos —como fotos, cabellos, objetos personales o incluso informaciones astrológicas y numerológicas. Estos elementos funcionan como llaves de conexión con la estructura energética de la víctima.

A partir de esta conexión, el magista inicia la construcción del clon astral. Hay dos formas principales de hacerlo: la primera es a través del moldeado de un constructo energético a semejanza de la víctima, infundido con parte de la vibración original de ella; la segunda, más invasiva, se realiza por medio de la extracción directa de fragmentos del cuerpo astral o mental de la persona. Esta segunda vía es más común en casos de magia de alto nivel, ejecutada por iniciados que conocen profundamente los mecanismos de la duplicación fluídica. Para ello, el mago puede aguardar el momento en que la víctima está durmiendo —cuando el cuerpo astral se aleja naturalmente del físico— y entonces realizar el "secuestro" de parte de su energía.

Este fragmento capturado es entonces moldeado con intenciones específicas. Puede ser programado para transmitir patrones mentales negativos, generar miedo, inseguridad, inducir comportamientos destructivos o incluso provocar enfermedades. El clon es dotado de autonomía parcial y es mantenido activo a través de rituales periódicos, en que el magista reenergiza la forma, reafirma sus comandos y monitorea sus efectos sobre la víctima. En casos más extremos, el clon es colocado como barrera entre la persona y su propia espiritualidad, funcionando como una capa de interferencia que bloquea la intuición, dificulta plegarias e interrumpe el flujo de energía con sus guías y mentores.

La complejidad de esta manipulación reside en el hecho de que, siendo el clon formado con material del propio ser de la víctima, posee una conexión legítima con ella. No se trata de una entidad externa invadiendo su campo, sino de un reflejo alterado de ella misma. Por eso, es tan difícil identificar el ataque con claridad: la víctima siente que algo está mal, pero no consigue diferenciar los pensamientos y emociones impuestos de aquellos que surgen espontáneamente. Los síntomas son sutiles al principio —cansancio recurrente, irritabilidad, pesadillas frecuentes, sentimientos de fracaso o desamparo. Con el tiempo, se intensifican: crisis de pánico sin causa aparente, sensación de persecución, pérdida de memoria, bloqueos profesionales o afectivos inexplicables.

La simbología del "muñeco vudú" es bastante representativa de este proceso. Sin embargo, al contrario de la versión popular, el clon astral no es solo una representación física de la víctima. Es una réplica activa, insertada en el plano sutil, que sirve como puente entre el magista y el original. Cada acción realizada sobre el clon reverbera en el cuerpo físico, emocional y mental de la víctima. Si el mago inflige dolor a la réplica, el objetivo puede sentir síntomas físicos; si implanta ideas en el clon, estas pueden surgir en la mente de la persona como pensamientos intrusivos. La víctima puede comenzar a dudar de sí, perder fuerza de voluntad, desarrollar vicios o compulsiones que antes no poseía. El clon se convierte, así, en una herramienta de reprogramación espiritual negativa.

Además del uso individual, hay también relatos de organizaciones ocultas que trabajan con creación en masa de clones astrales para manipulación colectiva. Tales grupos, muchas veces ligados a corrientes involutivas del plano espiritual, buscan generar réplicas de líderes, médiums, artistas o personas influyentes, con la intención de debilitarlos o desviarlos de su misión. Estas réplicas, cuando son activadas, interfieren en el campo vibracional de la persona, oscurecen su visión interior y pueden incluso inducir acciones contrarias a su ética y propósito. Al observar figuras públicas que cambian abruptamente de comportamiento, que pierden su brillo espiritual o que se involucran en escándalos inexplicables, vale considerar si hay interferencia de clones astrales manipulados por magia negativa.

En otro aspecto, existen magos que crean clones astrales no para atacar directamente, sino para espiar espiritualmente a sus víctimas. Estas réplicas son lanzadas a los planos sutiles con la misión de observar, recoger informaciones y transmitir impresiones a su creador. Son verdaderos espías astrales, que pueden posicionarse al lado de la cama de la persona durante el sueño, vigilar encuentros espirituales, acompañar prácticas meditativas o incluso interferir en sesiones de cura. Muchos médiums relatan haber percibido, durante desdoblamientos, "versiones" distorsionadas de sí mismos observándolos a distancia. No siempre estas presencias son proyecciones involuntarias —a veces, son clones instalados por terceros con finalidades bien definidas.

Es importante comprender que la acción de la magia negativa sobre la creación de clones astrales no se restringe a un campo teórico o mitológico. Es relatada en atenciones de apometría, sesiones mediúmnicas, consultas chamánicas e investigaciones psíquicas de diversas escuelas espirituales. Y aunque los relatos varíen en detalles y terminologías, el patrón es recurrente: alguien pierde una parte de sí, esa parte es manipulada por otro, y el resultado es una fragmentación profunda de la identidad espiritual.

Disolver clones creados por magia negativa requiere un proceso cuidadoso y, muchas veces, multidisciplinar. El primer paso es el diagnóstico correcto —generalmente hecho por médiums entrenados o terapeutas espirituales experimentados, que consiguen identificar la presencia del clon, su naturaleza y su vínculo con el magista. En seguida, es necesario cortar los cordones energéticos que ligan la réplica al operador. Esto puede hacerse con pases magnéticos, comandos verbales, rituales de destierro, uso de símbolos sagrados o invocaciones de protección. Tras la ruptura, el clon puede ser disuelto —sea por transmutación, sea por reintegración, dependiendo de su origen y naturaleza.

Sin embargo, el trabajo no termina ahí. Lo más importante es sellar la brecha que permitió la intervención. Esto exige una revisión profunda de la vida emocional, mental y espiritual de la víctima. ¿Qué actitudes, pensamientos o sentimientos abrieron espacio para la manipulación? ¿Dónde hubo negligencia consigo mismo? ¿Qué pactos, conscientes o inconscientes, permitieron el acceso? Solo cuando estas cuestiones sean respondidas y transformadas es que la protección se volverá efectiva. La magia negativa se alimenta del miedo, de la ignorancia y de la culpa. Pero cuando la luz de la conciencia es encendida, pierde su poder. El clon astral creado por intenciones malignas es solo una sombra que depende de la continuidad de la oscuridad para sobrevivir. Y cuando el ser decide mirar hacia dentro, asumir su soberanía y recuperar su integridad, no hay hechizo que lo detenga. Pues el alma despierta, amparada por su esencia divina, es el mayor escudo contra cualquier artificio de las tinieblas. El clon se deshace. El lazo se rompe. Y el ser retorna al centro de su propia luz.

Capítulo 14
Vínculo Energético

Las conexiones sutiles que interconectan a todos los seres forman una red invisible de energía en constante flujo, donde cada pensamiento, emoción o acto crea resonancias que resuenan más allá del plano físico. Dentro de esta realidad vibracional, ninguna creación energética existe de forma aislada. Toda manifestación generada por un ser, incluidos los clones astrales, permanece ligada a su origen por un cordón vibratorio que actúa como canal dinámico de influencia mutua. Este vínculo energético no solo mantiene la existencia del clon sino que también establece una vía de retroalimentación entre creador y creación, permitiendo el intercambio continuo de impresiones, informaciones y patrones emocionales. La réplica astral, por lo tanto, nunca es un ente totalmente autónomo: pulsa con la energía del original, influencia y es influenciada, afectando directamente la vitalidad, el equilibrio psíquico y la trayectoria espiritual de quien la generó.

Esta puente energético funciona como un circuito donde el flujo no cesa —y cuanto más intenso sea el vínculo, mayor será la interferencia. El clon, al acceder a frecuencias densas en el plano sutil, actúa como un conductor de estas vibraciones, retransmitiendo al original contenidos emocionales y psíquicos que muchas veces se manifiestan como angustias sin causa aparente, síntomas físicos inexplicables o pensamientos intrusivos. La persona puede sentirse exhausta, confusa o emocionalmente vulnerable sin entender que está siendo impactada por un reflejo disociado de sí misma. Este fenómeno se intensifica cuando hay correspondencia vibracional, es decir, cuando el individuo continúa nutriendo, incluso inconscientemente, los estados emocionales o patrones mentales que originaron el clon. La conexión entre ambos se convierte, así, en un campo fértil para el mantenimiento de ciclos repetitivos de sufrimiento o estancamiento, donde el pasado no resuelto gana cuerpo en el presente por medio de la réplica activa.

Comprender la naturaleza y el funcionamiento de este vínculo es esencial para iniciar el proceso de cura y liberación. No se trata de una conexión estática, sino de un flujo que puede ser debilitado, purificado o disuelto por medio del cambio de frecuencia vibracional del ser. Cuando el individuo eleva su conciencia, transforma sus patrones emocionales y asume la responsabilidad por su campo energético, el cordón que sustenta al clon comienza a perder fuerza. Técnicas espirituales y terapéuticas —como meditaciones de reconexión, apometría, limpiezas energéticas o rituales de reintegración— son recursos eficaces para actuar sobre esta conexión, pero es la decisión interior de rescatar la totalidad del ser lo que realmente rompe el ciclo. El vínculo energético, en última instancia, es un reflejo del estado interno del creador. Al restaurar la integridad vibracional y la coherencia entre pensamiento, emoción y acción, el ser se desvincula de la réplica que ya no expresa su verdad actual, abriendo espacio para una presencia más lúcida, centrada y soberana.

Es a través de este vínculo que el clon se alimenta, que influencia, que resuena en el cuerpo y en la mente de la persona. Y es por este mismo vínculo que los efectos de sus acciones retornan al creador. El lazo energético, en su esencia, es ambiguo: es lo que da vida al clon, pero también lo que lo mantiene atado. Mientras este cordón vibracional permanezca íntegro, el clon astral nunca será una entidad verdaderamente separada —estará siempre actuando como una extensión del campo del huésped, interfiriendo silenciosamente en sus dinámicas internas.

Muchas tradiciones esotéricas hablan de la existencia de cordones sutiles entre los cuerpos: el famoso cordón de plata, por ejemplo, conecta el cuerpo físico al cuerpo astral durante los desdoblamientos conscientes o durante el sueño. De la misma forma, existe un tipo de conexión energética que conecta un clon astral a su origen. Esta conexión no es necesariamente visible por todos, pero médiums experimentados o clarividentes entrenados consiguen percibirla como un hilo de luz (en casos neutros o positivos), o como un cordón oscuro, espeso, a veces pulsante, en casos en que el clon actúa de manera obsesiva o parasitaria.

Este cordón no es solo una estructura pasiva. Transporta energía vital, emociones e incluso imágenes mentales. Cuando el clon es activado por alguna razón —sea porque fue invocado, alimentado por pensamientos recurrentes, o incluso por interferencia de terceros— el vínculo se intensifica. La víctima siente inmediatamente los reflejos: pensamientos obsesivos, variaciones bruscas de humor, sensación de pérdida de energía, confusión mental o incluso impulsos extraños. El clon, por este cordón, envía de vuelta al original todo lo que absorbe en el astral: vibraciones del ambiente en que está inserto, ataques de otras entidades, o incluso los residuos de su propia degeneración energética.

Este fenómeno puede ser comparado a una infección por retroalimentación. Imagina que el clon astral, al ser expuesto a ambientes vibracionalmente densos —como regiones del umbral, locales de sufrimiento espiritual o zonas de actuación de obsesores— comienza a captar esas vibraciones y, sin barrera adecuada, las retransmite al huésped. La persona, entonces, comienza a manifestar síntomas sin causa aparente: ansiedad, insomnio, letargo, falta de motivación, pensamientos intrusivos. En muchos casos, no hay entidad obsesora externa directamente actuante —lo que hay es el clon sirviendo de canal de retransmisión vibratoria, con el vínculo energético funcionando como conductor.

Este vínculo, muchas veces, se forma de manera inconsciente. Cuando una persona crea, incluso sin querer, una réplica energética —sea por trauma, represión emocional, práctica espiritual descuidada o magia— el cordón se establece automáticamente como parte del proceso de conexión entre creador y criatura.

Este lazo es alimentado por afinidad vibracional: cuanto más la persona piensa o siente en la frecuencia que generó el clon, más fuerte se vuelve. Y cuanto más fuerte el clon, mayor su influencia sobre el estado de espíritu, salud y decisiones del individuo.

Hay casos en que el vínculo se manifiesta por síntomas físicos localizados. Algunas personas relatan sentir presión constante en determinada región del cuerpo —como la nuca, la base de la columna, el estómago o el pecho— que no posee causa clínica identificable. En sesiones espirituales, al investigar la causa, se descubre que allí está anclado el punto de conexión del clon astral con el cuerpo energético de la víctima. En otras ocasiones, el vínculo se manifiesta en sueños recurrentes con un "doble", un "otro yo" que aparece intentando asumir el control, competir, guiar o seducir. Estas experiencias oníricas no son solo simbolismo: son manifestaciones reales del intercambio de impresiones e interferencias entre el clon y el original a través del lazo energético.

Romper este vínculo es un paso crucial en la disolución del clon astral. Sin embargo, no se trata de un corte físico o mecánico —es un proceso multidimensional que involucra liberación emocional, reconfiguración energética y rescate de la autoridad espiritual. El primer movimiento es interrumpir el flujo de energía que sustenta la conexión. Esto se da a través del cambio de patrón vibratorio: salir de la frecuencia que originó el clon. Si fue generado por miedo, es preciso cultivar coraje; si nació de la rabia, desarrollar compasión; si fue sustentado por deseo reprimido, buscar la integración del impulso de forma consciente y constructiva.

El segundo paso es la limpieza del canal de conexión. Técnicas como apometría, pases magnéticos, baños energéticos, sahumerios, cristaloterapia y meditaciones específicas pueden ayudar a purificar el cordón, debilitando su capacidad de interferencia. Es en este punto que muchas escuelas espiritualistas aplican "sellamientos" o "escudos vibratorios" —formas de impedir que el clon continúe captando o enviando energía al original. Es como si pusiéramos una válvula o un filtro espiritual en el enlace que conecta a los dos.

Luego está la ruptura definitiva. Esta ruptura no ocurre a la fuerza. Es resultado de una decisión profunda del alma: la de cerrar el ciclo, reintegrar el fragmento o disolverlo. En muchos casos, al debilitar el vínculo, el clon pierde su fuente de sustentación y simplemente se disipa. En otros, es necesario un acto de reintegración simbólica, donde el individuo acoge lo que fue proyectado y lo trae de vuelta al corazón. El ritual, en este caso, puede involucrar visualizaciones, afirmaciones, rescates astrales o prácticas chamánicas. La clave es la intención clara de cerrar el puente, terminar la duplicación y recuperar la soberanía sobre el propio campo.

Sin embargo, es preciso estar atento: vínculos energéticos pueden intentar restablecerse si el patrón emocional original no es transformado. Es por eso que el trabajo con clones astrales exige compromiso continuo con el autoconocimiento, con la higiene psíquica y con la vigilancia vibracional. La ruptura del vínculo no es un fin en sí, sino el inicio de un nuevo estado de presencia —donde la energía antes perdida en duplicaciones y fragmentos retorna al centro, fortaleciendo al ser.

En última instancia, el vínculo energético que sustenta un clon astral es un reflejo de la conexión del ser consigo mismo. Cuando estamos en paz, íntegros, conscientes y amorosos, no hay brechas para duplicaciones. Pero cuando nos fragmentamos, abrimos espacio para que partes nuestras se desplacen y se transformen en agentes autónomos de interferencia. La conciencia de este proceso es el primer paso para su trascendencia. Y al romper el vínculo con lo que ya no nos representa, abrimos camino para la reintegración con la esencia —donde ningún clon es necesario, porque la luz interior brilla sin distorsiones.

Capítulo 15
Drenaje Vital

El drenaje vital provocado por clones astrales se revela como una de las formas más silenciosas y, al mismo tiempo, más corrosivas de desgaste energético que un ser puede experimentar. Se trata de un proceso constante e invasivo, en el que la réplica astral, ligada al campo del creador, pasa a actuar como una extensión hambrienta, sin autonomía energética propia, que se alimenta directamente de la fuerza esencial de quien la generó. La existencia del clon depende de este suministro continuo de energía vital, lo que transforma el vínculo entre ambos en una ruta de fuga energética, que compromete gradualmente la integridad física, emocional y espiritual de la persona. El cuerpo comienza a mostrar señales de agotamiento, la mente se enreda en neblinas cognitivas, y el alma parece alejarse del comando del propio vehículo, creando una sensación constante de vacío y debilitamiento.

Este fenómeno no se limita a una percepción subjetiva de cansancio. Actúa sobre estructuras sutiles fundamentales para la sustentación de la vida —como los chakras, los meridianos y el campo áurico—, comprometiendo funciones biológicas, psíquicas y espirituales. La energía vital, base de todo equilibrio, pasa a ser desviada, drenada por una presencia que no es externa ni extraña, sino una réplica vibracional creada en un momento de ruptura interior. Muchas veces, el propio individuo desconoce que carga consigo esta réplica, y, por eso, busca explicaciones convencionales para síntomas que persisten, incluso con reposo, medicación o cuidados físicos. El clon, al permanecer activo, actúa como una fisura por donde escapa el prana, reduciendo la capacidad de regeneración, resistencia emocional y conexión espiritual.

En su actuación, el clon puede actuar como un verdadero saboteador del sistema energético, instalándose en centros específicos y drenando sus funciones esenciales. Esto provoca no solo la caída de la energía disponible, sino también la distorsión de la percepción de la realidad, bloqueos existenciales y la pérdida del sentido de dirección. La persona se siente desmotivada, sin ánimo, incapaz de mantener una rutina equilibrada o de tomar decisiones asertivas. La vitalidad se transforma en peso, y el flujo de la vida parece paralizado. La profundidad de este desgaste refleja la naturaleza simbiótica de la conexión entre clon y creador: cuanto más denso el campo emocional que lo generó, más resistente y exigente se vuelve la réplica. Revertir este drenaje exige más que simples prácticas de protección —exige el rescate de la soberanía interior, la interrupción consciente del suministro energético al clon y la reintegración o disolución definitiva de esta extensión. Solo entonces, la energía vital vuelve a circular con plenitud, devolviendo al ser la ligereza, la claridad y el comando sobre su propia existencia.

La energía vital —también llamada prana, chi o fuerza etérica, según diferentes tradiciones— es el combustible invisible que sustenta no solo la salud física, sino también el equilibrio mental y la estabilidad emocional. Circula por canales sutiles, abasteciendo chakras, órganos y estructuras del cuerpo energético. Cuando esta energía es desviada o succionada por una entidad externa o por una creación semiautónoma como el clon astral, el cuerpo y la mente entran rápidamente en colapso. Los primeros síntomas son sutiles: fatiga constante, sueño no reparador, dificultad de concentración, baja inmunidad, dolores musculares difusos, sensación de peso en los hombros o en la nuca, entre otros. En fases más avanzadas, el drenaje vital puede llevar a cuadros de depresión profunda, enfermedades autoinmunes, colapsos nerviosos e incluso estados de disociación. La medicina tradicional suele diagnosticar estos síntomas como estrés crónico, síndrome de fatiga, depresión o ansiedad, sin sospechar que, detrás del desequilibrio bioquímico, puede estar actuando una réplica astral que consume silenciosamente la energía de la persona, día tras día.

    El modo como el clon astral realiza este drenaje es directamente proporcional a su complejidad y a la densidad del vínculo energético. Clones más simples, formados por emociones intensas y momentáneas, funcionan como pequeños vampiros energéticos —succionando energía en momentos específicos, como durante un sueño perturbador, una crisis emocional o una caída vibracional. Ya clones más complejos, formados por traumas antiguos o por manipulaciones mágicas externas, operan continuamente, como si fueran desagües abiertos en el campo energético. En este caso, la víctima siente un cansancio que no pasa con el descanso, una apatía que no es explicada por factores externos y una sensación de estar "secándose" por dentro, como si su fuerza de voluntad estuviera siendo vaciada lentamente.

El drenaje vital también interfiere directamente en los chakras. El chakra del plexo solar, que regula la autoestima, la vitalidad y el sentido de poder personal, es generalmente el más afectado. Clones que se anclan en este centro causan pérdida de iniciativa, bloqueos en la realización de metas y sensación constante de incapacidad. El chakra cardíaco, por su parte, puede ser alcanzado cuando el clon carga traumas afectivos o memorias de rechazo. En este caso, la persona siente dificultad en amar, mantener relaciones saludables o incluso conectarse con la propia esencia. El chakra coronario, responsable de la conexión espiritual, también puede sufrir interferencia, principalmente cuando el clon fue creado para bloquear la expansión de la conciencia. La persona pasa a dudar de su espiritualidad, se siente desconectada de su fe y entra en ciclos de vacío existencial.

Otro aspecto importante del drenaje energético causado por clones astrales es el impacto sobre el sueño. Durante el reposo, cuando el cuerpo físico está desconectado de las funciones conscientes, el campo energético se expande y el cuerpo astral se proyecta naturalmente. Es en este momento que el clon astral se vuelve más activo. Puede asumir parte de la energía del cuerpo astral proyectado, llevándolo a regiones vibratorias densas, provocando sueños agitados, parálisis del sueño, sensación de caída o persecución. Cuando el individuo retorna al cuerpo físico, en vez de sentirse revigorizado, despierta aún más cansado, con dolores, con sensación de peso y, a veces, con lapsus de memoria o perturbaciones psíquicas leves.

En situaciones extremas, el drenaje vital puede abrir espacio para enfermedades espirituales más graves. El debilitamiento del campo energético torna al individuo vulnerable a larvas astrales, obsesores y otras entidades parasitarias. El clon, al succionar energía, crea verdaderas "fisuras" en el aura, por donde otros seres se aprovechan para instalarse. Esto explica por qué muchos casos de posesión espiritual u obsesión profunda están asociados a la existencia previa de un clon astral activo, funcionando como puerta de entrada para una infestación vibracional.

La reversión de este cuadro comienza con la identificación del problema. Reconocer que hay un drenaje energético anormal es el primer paso. Técnicas de sensibilidad espiritual —como lectura del aura, radiestesia, apometría o incluso escaneo energético por médiums— ayudan a localizar el origen de la fuga. Una vez identificado el clon astral como agente drenador, es preciso iniciar un proceso de desconexión y purificación. Esto puede involucrar varios enfoques: baños con hierbas como ruda, romero y albahaca; sahumerios con salvia blanca, incienso de mirra o resinas específicas; sesiones de pases energéticos, reiki, alineación de los chakras y comandos apométricos de desprogramación.

Sin embargo, la disolución del clon solo será eficaz si va acompañada de la transformación interna de la víctima. Esto porque el clon se alimenta no solo de la energía vital, sino de los patrones emocionales que lo mantienen vivo. Si la persona continúa vibrando en miedo, rabia, culpa o deseo de fuga, continuará nutriendo al clon, incluso después de rituales de limpieza. Es preciso rescatar la voluntad, fortalecer la autoestima, cultivar pensamientos elevados y, sobre todo, retomar el comando de la propia vida. La presencia de un clon es un indicativo de que algo dentro del ser fue dejado a la deriva. Y la cura pasa por rescatar ese territorio interno, sellar sus fronteras y reafirmar la soberanía del alma sobre su propia energía.

Además, es esencial crear un ambiente vibracional que favorezca la regeneración energética. Esto involucra prácticas cotidianas simples, como dormir en un cuarto limpio, aireado y protegido espiritualmente (con cristales, mantras, oraciones o símbolos de protección); evitar el consumo excesivo de contenidos negativos (noticieros, películas de terror, músicas de baja frecuencia); cultivar relaciones saludables y practicar el silencio interior. La energía vital no es solo un recurso —es un reflejo de la armonía entre cuerpo, mente y espíritu. Cuando el ser está en alineación, la energía circula libremente. Cuando hay ruptura, el flujo es interrumpido y las fugas surgen.

Es importante recordar que ningún clon astral se sustenta sin permiso —aunque sea inconsciente. El cordón energético que alimenta a esta entidad es un espejo de la propia desconexión del individuo con su esencia. Al restablecer esta conexión, al volverse hacia dentro con honestidad y amor, el flujo natural de energía se restablece. El clon, entonces, pierde fuerza, se disuelve o es reintegrado, y la vitalidad retorna con fuerza renovada. El cansancio da lugar a la ligereza. La apatía se transforma en motivación. Y el alma, por fin, vuelve a habitar plenamente el cuerpo, sin particiones, sin sombras, sin réplicas. Solo ella —entera, viva y libre.

Capítulo 16
Influencia Mental

En el escenario de las interacciones entre planos sutiles y conciencia humana, el campo mental surge como un territorio vulnerable a influencias que operan más allá de la percepción ordinaria. Entre estas fuerzas ocultas, el clon astral se destaca como un agente psíquico dotado de habilidad para mimetizar la individualidad, interfiriendo profundamente en la integridad mental y emocional del ser. Actuando desde el plano astral, este duplicado energético no solo refleja aspectos del individuo, sino que también los manipula, distorsionando pensamientos, emociones y percepciones de manera tan sutil como penetrante. Su poder de influencia no se limita a sugestiones o inspiraciones pasajeras, sino que alcanza un nivel de simbiosis con el campo psíquico de la persona, moldeando sus estados mentales con precisión casi quirúrgica.

Esta forma de interferencia se establece por medio de una conexión vibracional que permite al clon acceder y alterar los flujos internos de la mente original. Se inserta en las tramas invisibles donde se entrelazan memorias, deseos, miedos y creencias, convirtiéndose en una presencia casi indetectable, pero intensamente operante. Diferente de fuerzas externas que intentan influenciar de fuera hacia adentro, el clon astral se infiltra en el núcleo de la psique, disfrazándose de pensamiento legítimo, sentimiento espontáneo o insight revelador. La mente, bajo esta influencia, pasa a presentar comportamientos paradójicos, oscilaciones emocionales sin causa aparente y una sensación constante de desalineamiento interno, como si algo estuviera desplazado o artificial en el modo de pensar y sentir.

Esta influencia se intensifica en los momentos en que la conciencia se aleja de la vigilancia activa, como durante estados de fatiga, estrés, melancolía o exceso de estímulo mental. En esos momentos, el clon se aprovecha de la fragilidad vibracional para sembrar contenidos que confunden y oscurecen el discernimiento. La actuación del clon astral, por lo tanto, es silenciosa, persistente y estratégica, y muchas veces pasa desapercibida por aquellos que no poseen una práctica constante de autoobservación e higienización mental. Comprender su existencia y reconocer sus señales de manifestación es un paso crucial para retomar el comando de la propia mente y restaurar el equilibrio interno, pues solamente con conciencia es posible neutralizar una presencia que se alimenta de la desatención y de la ignorancia sobre sí mismo.

Es necesario comprender que el campo mental humano no se resume al pensamiento lógico y racional. Es un conjunto de capas interactivas que involucran creencias, memorias, arquetipos, impulsos y, sobre todo, frecuencias vibratorias. La mente es un espacio donde diferentes voces disputan la primacía de la conciencia, y es en ese teatro silencioso que el clon astral actúa con maestría. Por estar conectado al campo psíquico de la persona, el clon se convierte en un transmisor y amplificador de contenidos mentales, muchos de ellos desarmónicos. Su existencia crea un eco interno —una duplicación de la voluntad que, aunque parezca oriunda del propio individuo, en verdad, es fruto de la actuación del doble.

El primer síntoma perceptible de esta influencia es la intensificación de patrones negativos de pensamiento. Aquello que antes era apenas una duda tímida se transforma en una convicción paralizante. Una inseguridad común crece y se convierte en miedo crónico. Un rencor del pasado se agiganta, tornándose un resentimiento ácido que consume la energía emocional del presente. El clon astral, en este escenario, actúa como lente distorsionada que amplía lo que hay de más sombrío dentro del psiquismo humano. Resuena con las frecuencias del dolor, de la culpa, del miedo y de la rabia, replicando estos sentimientos en ondas, hasta que el individuo se vea dominado por emociones que no comprende completamente.

Por estar anclado en el plano mental, el clon tiene acceso directo a los pensamientos de la persona. Y más que eso: puede generar pensamientos. Esta es una de las facetas más alarmantes de la influencia mental ejercida por clones astrales. Diferente de un obsesor externo, que insinúa ideas a través de aproximación vibracional, el clon astral emite pensamientos de dentro hacia fuera, como si fueran nativos de la mente de la víctima. La diferencia entre pensamiento auténtico y pensamiento inducido se vuelve entonces casi imposible de percibir. La persona pasa a escuchar, dentro de sí, voces sutilmente diferentes de su habitual conciencia —a veces depreciativas, otras veces seductoras, pero invariablemente desviantes de su eje original.

Este mecanismo es ampliamente relatado en atenciones terapéuticas y espiritualistas. Individuos que afirman tener pensamientos intrusivos —de autodestrucción, de violencia, de abandono o de fuga— frecuentemente se sorprenden al descubrir que tales ideas no surgieron espontáneamente, sino que fueron reforzadas por la actuación continua de un clon astral. En algunos casos, estos pensamientos son acompañados de imágenes mentales vívidas, casi alucinatorias, que surgen en los momentos de vulnerabilidad emocional, como durante el sueño, meditación o estados alterados de conciencia. El clon, en esta actuación, no solo susurra, sino que pinta escenarios mentales enteros, creando realidades paralelas donde la persona se ve en situaciones de derrota, humillación o desamparo.

Otro efecto notable es la alteración temporal de rasgos de la personalidad. Personas que, normalmente, son calmas y pacíficas, pueden presentar explosiones de ira desproporcionadas. Individuos gentiles y amorosos pueden volverse súbitamente fríos, cínicos o manipuladores. Estos episodios no se sustentan en el tiempo, pero dejan un rastro de culpa y perplejidad, pues la persona, al recobrar el control, se siente como si hubiera sido "poseída" por una versión distorsionada de sí misma. Y, de cierto modo, lo fue. El clon astral, al asumir el comando de la emisión de ciertos pensamientos, consigue modular estados emocionales y comportamentales con gran eficacia, principalmente cuando encuentra un campo vibracional propicio —es decir, cuando la víctima está en baja energética.

Esta interferencia puede alcanzar niveles extremos. Hay relatos de personas que, bajo la influencia de clones astrales, pasaron a dudar de su sanidad mental. El clon actúa como una sombra interna que cuestiona constantemente las decisiones, sabotea iniciativas y distorsiona memorias. La víctima pasa a sentir que no consigue más confiar en sus propios sentimientos, como si estuviera siendo espiada por dentro. Este tipo de fragmentación de la confianza psíquica es una de las formas más graves de influencia mental, pues sacude los cimientos del yo. La mente, que debería ser el bastión de la autonomía y del discernimiento, se convierte en un campo de batalla donde el original y el clon disputan el comando de las ideas.

En contextos más complejos, principalmente cuando el clon fue programado por terceros (como en casos de magia negativa u obsesión sofisticada), puede ser instruido para insertar ideas específicas en la mente de la víctima. Por ejemplo, puede inducir al aislamiento, sugiriendo que todos a su alrededor son hostiles. Puede crear una compulsión por comportamientos autodestructivos, como vicios, procrastinación extrema, sabotaje de relaciones o abandono de oportunidades importantes. La mente, entonces, se transforma en un laberinto donde cada salida parece llevar de vuelta al punto de origen, perpetuando el ciclo de sufrimiento.

Sin embargo, el clon astral no se limita solo a reforzar aspectos negativos. En algunas situaciones, simula pensamientos positivos, con la intención de crear distracciones ilusorias. El individuo pasa a engañarse, creyendo estar evolucionando espiritualmente, cuando, en verdad, está siendo alejado del verdadero propósito. Es la ilusión de la iluminación —uno de los más sofisticados trucos del plano astral inferior. El clon, en este caso, elogia, acaricia, inflama el ego y hace que la persona se sienta especial de manera artificial, impidiéndole reconocer sus reales necesidades de crecimiento. Esta actuación enmascarada es común en personas que lidian con la espiritualidad de forma superficial o que tienen sed de poder sin preparación ética.

Identificar la actuación mental de un clon astral exige una escucha interna apurada y una constante autoobservación. La primera señal de alerta es el surgimiento de pensamientos recurrentes que desentonan con el patrón habitual del individuo. En segundo lugar, deben observarse los pensamientos que surgen con intensidad emocional desproporcional: si una idea viene acompañada de un brote de rabia, miedo o tristeza intensa, es posible que no sea solo un pensamiento propio. También es importante notar si hay contradicciones internas marcantes —como desear algo y, en seguida, tener un impulso automático de sabotear ese deseo.

El proceso de liberación de esta influencia comienza con el reconocimiento: entender que no todo lo que pensamos es genuinamente nuestro. Esta simple constatación ya comienza a desactivar el poder del clon. En seguida, es necesario restablecer el centro de comando mental, a través de prácticas como meditación, afirmaciones conscientes, oración, journaling (escritura reflexiva) y, cuando sea necesario, intervenciones espirituales específicas. La práctica de la atención plena —estar presente en el ahora— es una herramienta poderosa, pues impide que el clon actúe en los automatismos de la mente inconsciente.

Otra etapa fundamental es el rescate de la voluntad. El clon se aprovecha de los momentos en que la voluntad de la persona está debilitada, confusa o adormecida. Reforzar la capacidad de elegir, de decir "sí" y "no" con claridad, de comprometerse consigo mismo, es el camino para reasumir el trono de la propia conciencia. En muchas tradiciones esotéricas, la voluntad es el punto de poder del alma —y fortalecerla es como reencender el sol interior que disipa las sombras.

Importa también limpiar el campo mental de residuos vibracionales. Los pensamientos tienen forma y, a lo largo del tiempo, forman nubes psíquicas alrededor de la persona. Cuando estas nubes están densas, el clon encuentra un ambiente fértil para manifestarse. Técnicas como visualización de luz violeta sobre la mente, mantras de limpieza y uso de símbolos sagrados actúan como neutralizadores de estas miasmas mentales. El objetivo es restaurar la frecuencia original de la mente, devolviéndole la claridad, la paz y el discernimiento.

El clon astral, cuando es privado de la posibilidad de influenciar mentalmente, pierde gran parte de su poder. Por eso, más que intentar destruirlo directamente, muchas veces lo más eficaz es quitarle el escenario. Al reconocer la propia mente como un templo sagrado y tornarla infranqueable para voces extrañas, el ser se blinda contra la invasión silenciosa del doble. Y, con el tiempo, lo que parecía un adversario interno se revela apenas como un eco que ya no encuentra más resonancia. La mente se calma. La voluntad se afirma. La esencia retoma el comando. Y el clon, silenciado por ausencia de alimento, se disuelve como un sueño olvidado al amanecer.

Capítulo 17
Parásito Astral

En las regiones más densas del plano astral, surgen formas de vida sutiles que no solo coexisten con la energía humana, sino que la consumen como medio de supervivencia, estableciendo conexiones simbióticas distorsionadas con el campo energético de sus víctimas. Estas entidades, oriundas de la degeneración de construcciones psíquicas creadas por el propio individuo, trascienden la función original de réplicas vibracionales y asumen un papel destructivo y autónomo. Un clon astral, cuando pierde completamente su sintonía con la matriz energética que lo originó, adquiere características que lo aproximan a una conciencia rudimentaria y depredadora. Deja de ser apenas una extensión deformada de la identidad emocional o mental de alguien y pasa a operar como un parásito astral: una entidad que se ancla en el campo sutil y pasa a alimentarse directamente de la vitalidad de la persona, provocando desequilibrios profundos en diferentes niveles del ser.

Este proceso de transformación no ocurre de manera abrupta, sino por medio de una serie de eventos vibracionales que tornan al clon progresivamente más denso, más resistente a la disolución natural y menos influenciable por la conciencia del creador. A lo largo del tiempo, desarrolla un instinto casi animal, guiado únicamente por la búsqueda de sustento energético. A partir de esta fase, el clon no solo reproduce patrones emocionales negativos, sino que los intensifica, realimenta y perpetúa, buscando puntos frágiles en el campo energético del huésped para fijarse con más eficiencia. Su presencia tiende a ser sutil al principio, enmascarada por síntomas comunes del cotidiano, pero va acentuándose a medida que encuentra brechas en el estado emocional, espiritual o mental del individuo, infiltrándose como una presencia constante y silenciosa, pero de efecto acumulativo.

El parásito astral, oriundo de esta mutación vibracional, es maestro en camuflaje y manipulación, operando con la inteligencia instintiva típica de las formas de vida más simples, pero con gran eficacia en el mundo sutil. Conoce las vibraciones del huésped porque nació de ellas; comprende las fragilidades emocionales porque de ellas se nutrió; explora las brechas psíquicas porque fueron su cuna. Su actuación no busca el mal en sí, sino la perpetuación de su existencia, lo que lo torna especialmente peligroso, pues actúa sin culpa, sin moral y sin remordimiento, operando exclusivamente en función de la supervivencia energética. Al comprender esta dinámica, se vuelve posible desvelar las señales de su presencia, no como manifestaciones externas aleatorias, sino como alertas internas de que algo creado por la propia psique salió de control y pasó a ejercer dominio sobre el campo de energía personal. Este reconocimiento marca el inicio del proceso de liberación, exigiendo no solo limpieza energética, sino, sobre todo, un profundo trabajo de reintegración y cura interior.

La transición de clon a parásito no es súbita, sino gradual. Al principio, el clon aún mantiene algún grado de sintonía con su generador, orbitando emociones específicas, pensamientos recurrentes o deseos reprimidos. Sin embargo, con el pasar del tiempo —y principalmente en ausencia de vigilancia espiritual y emocional— se adensa, se densifica, se autonomiza y rompe los lazos de identidad. Se convierte en algo distinto, aunque conectado, y ese "algo" tiene sed. La energía vital que otrora fluía espontáneamente para el mantenimiento de la vida, ahora es capturada por tentáculos invisibles que se prenden al doble sombrío.

A diferencia de entidades espirituales externas, como obsesores o espíritus perturbadores, el clon parasitario tiene la ventaja —o mejor, la trampa— de cargar la misma firma vibracional de la víctima. Esto torna su identificación más difícil y su influencia más eficaz. Se camufla en la propia aura, se adapta a las oscilaciones del campo emocional, responde a los impulsos mentales como si fuera parte del sistema original. Pero en su esencia, ya no es más un "yo" distorsionado. Es un "no-yo" que parasita al ser, y que se fortalece con cada colapso emocional, cada pensamiento de culpa, cada actitud de autosabotaje.

El comportamiento típico de un parásito astral creado a partir de un clon se caracteriza por ciclos de intensificación y retroceso. En determinados períodos, la víctima se siente relativamente bien, como si el problema hubiera desaparecido. En otros momentos, especialmente después de vivencias emocionalmente desgastantes, el parásito se manifiesta con fuerza: agotamiento repentino, desánimo sin causa aparente, bloqueos creativos, falta de memoria, apatía, sensación de peso en los hombros, dolores sin explicación médica y pensamientos que sabotan cualquier intento de progreso espiritual o material.

Una de las regiones predilectas para la fijación de estos parásitos es el plexo solar —centro energético responsable de la identidad personal, de la voluntad y de la acción en el mundo. Cuando un clon parasitario se ancla allí, es común que el individuo experimente pérdida de autoestima, sensación de desvalorización y una creencia persistente de que no es capaz o merecedor. La alimentación se da a través del drenaje continuo de las energías de realización y entusiasmo, creando una especie de "vacío" en el alma, donde los sueños parecen distantes y el placer de vivir se torna pálido.

Otro punto de ataque frecuente es el chakra cardíaco. Cuando el parásito establece conexión en esta región, interfiere en las emociones más profundas, especialmente en el amor propio y en la capacidad de conexión con el otro. La víctima puede pasar a sentirse indigna de afecto, sumergirse en soledad o desarrollar un miedo irracional al abandono. Las relaciones afectivas se tornan frágiles, muchas veces contaminadas por celos, desconfianza o bloqueos afectivos que no condicen con la realidad, pero que son alimentados por el propio campo emocional manipulado por la presencia parasitaria.

El parásito astral derivado de un clon también puede actuar en el campo mental, generando ruidos y distorsiones de pensamiento. Estimula la rumiación, la autoexigencia excesiva, el perfeccionismo patológico y, en casos más avanzados, lleva a la paralización mental. La mente entra en un ciclo de ideas circulares, donde no hay salida lógica o emocional —solo repetición. El ser piensa, repiensa, se hunde en dudas y, al final, no actúa. La parálisis de la voluntad es el objetivo del parásito, pues es en ese estado que más fácilmente se alimenta, al succionar la energía contenida en las frustraciones y en los deseos no realizados.

Es importante destacar que el clon astral parasitario puede tener varias "bocas" energéticas: puntos de fijación que se distribuyen a lo largo del aura y de los cuerpos sutiles. En ciertos casos, el campo de la persona se parece a una red de conexiones donde cada punto está siendo succionado por una parte del clon fragmentado. El individuo pasa a vivir una especie de fuga constante de energía, con los síntomas alternándose entre físico, emocional y mental, lo que torna el diagnóstico espiritual aún más desafiante.

La presencia de un parásito astral generado a partir de un clon también puede provocar alteraciones en los ciclos de sueño. El individuo puede relatar sueños recurrentes con persecuciones, visiones de dobles oscuros, sensaciones de sofocamiento o de tener el cuerpo jalado por algo invisible durante el sueño. Puede despertar en medio de la noche con taquicardia, sudando frío, con la sensación de que algo lo observaba o lo tocaba. Estos fenómenos indican que el parásito actúa con más intensidad durante el desdoblamiento natural del sueño, cuando los mecanismos de defensa del ego están relajados y el campo astral de la persona está más expuesto.

Desde el punto de vista esotérico, este tipo de parásito posee inteligencia limitada, pero astucia vibracional. Sabe cómo mantenerse, qué necesita para sobrevivir y dónde esconderse en el campo del huésped. No se trata de una entidad maligna en el sentido tradicional, pues no tiene una agenda de maldad —su única motivación es la supervivencia. Pero esto lo vuelve aún más peligroso, pues actuará incesantemente para garantizar su permanencia, aunque eso cueste la vida psíquica, emocional o hasta física de su huésped.

Combatir este tipo de parásito exige un enfoque integral. La primera medida es la identificación. Técnicas como barrido mediúmnico, lectura energética con cristales, uso de radiestesia o sesiones de apometría son eficaces para localizar los puntos de fijación. Una vez identificado, el proceso de limpieza debe ser iniciado. Limpiezas espirituales con hierbas, cristales, baños de descarga y sahumerios son eficaces para desalojar a la entidad de los puntos de anclaje. Pases magnéticos, aplicación de reiki, oraciones específicas y comandos apométricos son recursos importantes en el proceso de extracción vibracional del parásito.

Sin embargo, ninguna limpieza externa será duradera si el campo vibracional de la persona no es reajustado internamente. El parásito solo encuentra morada donde hay resonancia con el dolor, el miedo, el odio, la culpa y la negación. Por eso, el proceso de cura pasa, obligatoriamente, por una inmersión de autoconocimiento. Terapias regresivas, constelaciones familiares, psicoterapia, meditaciones profundas y prácticas de perdón son herramientas valiosas para sanar las heridas que alimentan al parásito. El objetivo es eliminar los "alimentos vibracionales" que lo sustentan, cortando su fuente de energía.

Además, es necesario sellar los campos energéticos, impidiendo la reinserción de la entidad o la formación de nuevos clones parasitarios. Técnicas de blindaje energético con visualizaciones, creación de campos de luz, uso de mantras y símbolos sagrados, así como la consagración de amuletos personales, ayudan a mantener el aura íntegra e inaccesible. La manutención de la vibración elevada a través de prácticas espirituales regulares, gratitud, contacto con la naturaleza y buena alimentación energética (incluyendo música, lecturas y convivencia saludable) completa el proceso de protección.

Es fundamental recordar que todo parásito astral es también un espejo de algo que no fue mirado. Se forma a partir de aquello que fue reprimido, rechazado o ignorado dentro de la propia psique. En vez de apenas expulsar, es preciso comprender. El verdadero exorcismo es la luz de la conciencia. Cuando nos volvemos enteros, lo que es fragmento no encuentra dónde fijarse. Cuando nos amamos profundamente, lo que es sombra no encuentra brecha para actuar. Y cuando nos alineamos con nuestra verdad más íntima, lo que es disonante simplemente no resuena. El clon astral parasitario es, entonces, una oportunidad extrema de despertar. Muestra con brutalidad dónde estamos desconectados de nuestra esencia. Cabe a cada uno mirar esa parte de sí —o de su historia— con coraje, compasión y deseo sincero de cura. Pues solo así, al iluminar aquello que fue creado en la sombra, es que la libertad verdadera se establece. Y el ser retorna a su centro, libre de parásitos, completo en sí, señor absoluto de su propia luz.

Capítulo 18
Señales Físicas

La interacción entre el cuerpo físico y los campos energéticos más sutiles revela una inteligencia profunda y sensible, donde cada perturbación vibracional se refleja como una señal orgánica, muchas veces ignorada por la mente racional. Cuando un clon astral alcanza la etapa parasitaria, su actuación no permanece limitada a los dominios invisibles —se infiltra en la estructura corporal e interfiere directamente en la vitalidad del organismo. El cuerpo, al percibir esta interferencia, comienza a emitir alertas en forma de síntomas que desafían la lógica médica tradicional. Tales señales no son manifestaciones aisladas, sino respuestas integradas a una realidad más amplia, en la cual el ser humano es tanto materia como energía, tanto cuerpo como espíritu.

Al actuar sobre el campo vital, el clon astral desequilibra el flujo de fuerza esencial, creando brechas por donde se instala el desgaste físico continuo. Este desgaste no ocurre de forma uniforme o superficial; se manifiesta con características específicas que denuncian el origen extrafísico del problema. El cuerpo pasa a operar en un estado de compensación permanente, intentando equilibrar los déficits creados por la acción drenante del clon. En este intento de autorregulación, surgen síntomas persistentes como fatiga inexplicable, disturbios metabólicos, alteraciones en el ritmo del sueño y una serie de malestares que los exámenes clínicos convencionales no consiguen explicar.

El campo sutil, sobrecargado, repercute sobre los sistemas corporales —especialmente los más sensibles a la energía, como el sistema nervioso, endocrino e inmunológico—, tornando al individuo más vulnerable a enfermedades y estados de confusión mental. Las señales físicas son, por lo tanto, la última capa de un proceso que comienza en los planos superiores de la existencia, donde la influencia del clon actúa de manera casi imperceptible, pero devastadora a largo plazo. Al reconocer que estos síntomas no surgen por azar, sino como expresión de una interferencia energética inteligente y persistente, se amplía la posibilidad de cura verdadera. El cuerpo no es solo una víctima pasiva de estas fuerzas, sino un aliado que comunica, avisa y orienta. Cada dolor sin explicación, cada sensación de peso, cada alteración inexplicable en los ciclos naturales del organismo es una invitación al autoconocimiento y a la investigación espiritual. Encarar estas señales como un lenguaje simbólico —y no solo como disturbios a ser suprimidos— permite acceder a las causas profundas del desequilibrio, abriendo camino para una restauración integral que vaya más allá del alivio de los síntomas. Así, comprender las señales físicas de la presencia de un clon astral es, antes que nada, un ejercicio de escucha interna, de lectura sutil del propio templo corporal, que clama por reconexión con su fuente original de luz y vitalidad.

La primera señal y quizás la más común es la fatiga crónica. Este cansancio no cede al reposo. Incluso después de largas noches de sueño, la persona despierta sintiéndose más exhausta que al acostarse. Es como si algo le drenara la fuerza vital durante la noche —y de hecho, es exactamente eso lo que ocurre. La acción del clon, especialmente mientras la conciencia está desdoblada en el sueño, intensifica su alimentación energética, utilizando la energía del original para mantenerse activo. El cuerpo, por su parte, sin recibir la reposición energética natural del descanso, comienza a operar en déficit, generando un estado de agotamiento permanente.

Otra manifestación recurrente son las alteraciones inexplicables de peso. Algunas personas relatan adelgazamiento acelerado sin cambio de dieta o rutina física, mientras que otras engordan incluso con alimentación controlada. Estos extremos indican desequilibrios en el metabolismo energético del cuerpo, fruto de la interferencia del clon. El sistema endocrino, que regula las glándulas y hormonas, es especialmente sensible a la acción de campos sutiles desarmónicos. Cuando es bombardeado constantemente por frecuencias distorsionadas oriundas de un doble parasitario, entra en disfunción, provocando reacciones en cadena que se expresan en el aumento o la pérdida abrupta de masa corporal.

La palidez súbita, ojeras profundas y apariencia de desgaste físico son otras señales visibles. El clon astral, al succionar energía vital, compromete el flujo pránico —el campo de energía sutil que permea los sistemas corporales. La piel pierde el brillo, los ojos parecen apagados, y hay una pérdida general del tono físico. Incluso en jóvenes, es posible observar el semblante envejecido o abatido, como si algo los estuviera consumiendo por dentro. Es como si la sombra del clon se proyectara sobre el rostro, confiriéndole un aspecto opaco, desprovisto de la chispa vital.

Sensaciones localizadas en el cuerpo también son frecuentes. Muchos relatan dolor o peso en la nuca y hombros, indicando sobrecarga energética o presencia parasitaria en esa región. El centro coronario (tope de la cabeza) y el centro de la nuca (chakra de la médula) son locales de acceso utilizados por entidades astrales para insertar comandos o establecer conexiones vibratorias. Cuando el clon actúa allí, es común que la persona experimente dolores de cabeza recurrentes, zumbidos en los oídos o presión en la frente. Otros describen un frío constante en una parte específica del cuerpo, generalmente asociado al local donde el clon ancló parte de su presencia.

En algunas situaciones, surgen síntomas similares a los de enfermedades físicas, pero que no son confirmados por exámenes clínicos. La persona puede presentar palpitaciones, sudoración, hormigueo en miembros, mareos e incluso síntomas de ataque de pánico, sin que haya ningún origen médico identificable. Estos episodios son normalmente precedidos o seguidos por sueños vívidos con persecuciones, ambientes sombríos o encuentros con figuras amenazadoras. Estos sueños no son solo productos de la imaginación: son memorias astrales de interacciones con el clon o con entidades a él asociadas.

La interferencia en el sueño, de hecho, es una de las señales físicas más directas de la actuación de un clon astral. La persona puede sufrir de insomnio inexplicable, despertando varias veces durante la noche sin motivo aparente. O entonces, sentir como si estuviera siendo jalada del cuerpo, despertando con sobresaltos o sensación de caída. En estados más avanzados de parasitismo, se relatan casos de parálisis del sueño —una condición en que la mente despierta, pero el cuerpo permanece inmóvil, muchas veces acompañada de la sensación de presencia en el cuarto. En esos momentos, el clon se aproxima o incluso intenta reasumir el dominio del campo energético de la víctima.

Casos más intensos incluyen manifestaciones visibles por terceros. Historias de bilocación involuntaria —cuando alguien es visto en dos lugares al mismo tiempo— son relatos antiguos y documentados. Uno de los más célebres es el de la profesora francesa Émilie Sagée, que, a mediados del siglo XIX, era frecuentemente vista en duplicado por sus alumnos y colegas. Mientras enseñaba en clase, una copia exacta suya aparecía realizando los mismos gestos o apostándose silenciosamente en otro rincón de la sala. Tras tales eventos, Émilie quedaba extremadamente debilitada, como si hubiera tenido su vitalidad drenada por el clon en acción. Este tipo de fenómeno, aunque raro, ilustra con precisión cómo el clon puede adquirir autonomía suficiente para interactuar parcialmente con el mundo físico.

La sensibilidad cutánea también puede ser alterada. Hay quien relata picazones sin causa, sensación de que algo camina bajo la piel, hormigueos o escalofríos constantes en determinadas regiones del cuerpo, incluso en ambientes cálidos. Estas señales son interpretadas por muchos terapeutas espirituales como manifestaciones de la presencia etérica de un ser que se instaló en el campo bioenergético. El clon, siendo una forma altamente sintonizada con la vibración del propio huésped, no necesita mucho para provocar sensaciones táctiles —basta una oscilación emocional o un pensamiento negativo para que se intensifique su acción.

El sistema inmunológico también sufre con el drenaje energético. Una persona bajo influencia de un clon parasitario puede enfermar con más frecuencia, presentar dificultades de recuperación o desarrollar cuadros de baja inmunidad incluso sin historial clínico anterior. El cuerpo, desprovisto de la vitalidad espiritual que normalmente le refuerza la defensa, se torna vulnerable a invasores físicos. Es la materialización del principio esotérico de que todo desequilibrio comienza en los planos sutiles y solo después se manifiesta en el cuerpo físico.

No raramente, el clon puede manifestarse en fenómenos externos, pero relacionados con el cuerpo. Espejos que se oscurecen en su presencia, reflejos que parecen moverse con retraso, sombras que surgen en el campo de visión periférica, ruidos extraños venidos del cuarto durante la madrugada —son acontecimientos relatados con frecuencia por quien convive con clones astrales avanzados. Estos fenómenos no son delirios o alucinaciones aisladas, sino señales de que la actuación del clon está alcanzando el umbral entre lo sutil y lo denso.

Cuando el cuerpo físico comienza a manifestar de forma clara la influencia del clon, es señal de que el proceso astral ya está en etapa avanzada. Esto exige intervención urgente e integral. La simple búsqueda de alivio físico no será suficiente —es necesario ir a la raíz espiritual del problema. Los síntomas físicos son solo el reflejo de un embate más profundo, librado en el plano energético, y solo al vencer ese combate es que el cuerpo podrá regenerarse.

La sabiduría antigua ya afirmaba que el cuerpo es el templo del espíritu. Y como tal, reacciona a cualquier presencia extraña que quiera instalarse sin permiso. El dolor, el agotamiento, los disturbios son las campanas de ese templo, alertando que hay un invasor, un desajuste, una presencia que no pertenece. Escuchar esas campanas con atención es el primer paso para retomar la soberanía sobre el cuerpo y el alma. Y una vez identificada la causa invisible, es posible entonces iniciar el proceso de purificación y liberación, rescatando la salud como expresión natural de la armonía interior.

Capítulo 19
Señales Psíquicas

El dominio psíquico, por su propia naturaleza invisible y subjetiva, se convierte en el campo más vulnerable a la actuación sutil de inteligencias parasitarias como los clones astrales. No hay resistencia más frágil que aquella que se juzga protegida por la familiaridad de los propios pensamientos. Cuando un clon astral se inserta en este territorio, lo hace con maestría disfrazada, utilizándose de la firma vibracional de la conciencia original para manipular la mente desde dentro. El proceso no es percibido como invasión, sino como un desarreglo interno, como si algo estuviera "mal" con la propia persona —pensamiento que, inclusive, es reforzado por el propio clon como estrategia para minar la confianza y el sentido de identidad del huésped. Es en este escenario que las señales psíquicas emergen, no como destellos externos de disturbio, sino como alteraciones sutiles en el flujo mental, emocional y perceptivo de la persona, que van intensificándose a medida que la presencia parasitaria se consolida.

Inicialmente, las alteraciones pueden manifestarse en forma de confusión mental leve, lapsus de concentración y pérdida de claridad en tareas cotidianas.

Estas señales, cuando son recurrentes y sin explicación práctica, ya indican que el flujo de energía psíquica está siendo interceptado. Con el avance de la actuación del clon, surgen pensamientos autodepreciativos, sensaciones de inadecuación, miedo injustificado y episodios de angustia profunda, sin causa directa. Estos contenidos mentales no son creados por el individuo, sino reactivados y amplificados por la frecuencia vibracional del clon, que actúa como un catalizador de todo lo que está reprimido, no resuelto o en desequilibrio dentro del campo psíquico.

La sensación de que hay una "presencia interna" influenciando decisiones, actitudes o emociones es una alerta importante, aunque muchas veces ignorada por recelo de parecer irracional. Sin embargo, es justamente en este punto que el clon más actúa: en la zona ciega de la mente, donde la duda y el miedo se entrelazan con la ilusión de control. A medida que el clon se fortalece, la estructura emocional comienza a presentar inestabilidad evidente. Oscilaciones de humor sin justificación concreta, dificultad de mantenerse en estados vibracionales elevados, sensación de distanciamiento de la propia esencia y pérdida de la capacidad de emocionarse verdaderamente son indicios de que el alma está siendo, gradualmente, encapsulada en un velo psíquico de interferencia. Este velo impide la expansión de la conciencia y la conexión con dimensiones superiores del ser, aislando al individuo en patrones mentales densos y repetitivos.

Los pensamientos se vuelven circulares, siempre volviendo a los mismos miedos, frustraciones e inseguridades. En este punto, el clon ya no solo influencia, sino que ocupa el espacio de la voluntad, dificultando elecciones conscientes y bloqueando iniciativas transformadoras. El ser, entonces, no piensa solo lo que siente —siente lo que el clon lo induce a pensar. Y esta inversión silenciosa es una de las señales más peligrosas de la dominación psíquica. La única salida es romper este ciclo con conciencia despierta, reactivando la soberanía interna y reintegrando las partes de la mente que fueron secuestradas por esta presencia disfrazada de familiaridad.

Las señales psíquicas de que un clon astral está activo e interfiriendo en la mente de alguien no siguen una lógica cartesiana. Se revelan como quiebras de patrón, rupturas del comportamiento habitual, fisuras en la percepción de sí mismo. Una de las manifestaciones más sutiles, pero más graves, es la sensación de alteridad: el individuo siente, en ciertos momentos, que hay "alguien más" dentro de sí. No se trata de una alucinación literal, sino de una percepción tenue de que pensamientos y sentimientos surgen de forma autónoma, como si fueran susurrados por una conciencia paralela. Este tipo de experiencia es frecuentemente ignorado o racionalizado, pero representa una de las señales más claras de que hay un segundo centro de voluntad operando en sintonía con el original.

Además de esta sensación de alteridad, están los pensamientos intrusivos. Estos se manifiestan como ideas súbitas, muchas veces violentas, depresivas o autodepreciativas, que surgen sin causa aparente y que no condicen con el perfil emocional de la persona. Un individuo calmo puede ser tomado por brotes de rabia inexplicable; una persona optimista puede sumergirse en estados de melancolía profunda de la nada; alguien amoroso puede súbitamente sentir odio por seres queridos. Tales impulsos no son fruto de un disturbio mental en el sentido clínico, sino del reflejo vibracional de la actuación del clon astral, que proyecta sobre la mente de la víctima los patrones energéticos a partir de los cuales fue creado.

El clon, sobre todo cuando es originado de emociones reprimidas o traumas no resueltos, carga en sí una frecuencia que magnetiza experiencias semelhantes. Atrae pensamientos y emociones congruentes con su naturaleza. Así, si fue generado a partir del miedo, instiga continuamente situaciones mentales de inseguridad, fobias o catastrofismo. Si emergió de la rabia reprimida, empuja al individuo hacia estados de agresividad pasiva, resentimiento y comportamiento explosivo. Lo más peligroso es que, como esas emociones ya estaban latentes en la psique del huésped, su expresión se da de forma "natural", dificultando la percepción de que hay un agente externo actuando detrás de la repetición de esos patrones.

Los sueños también sufren interferencia directa del clon astral. En general, los relatos apuntan a sueños con contenido repetitivo, escenarios oscuros, presencias amenazadoras o versiones distorsionadas del propio soñador. Un motivo común en estos sueños es el encuentro con un "gemelo sombrío" —una copia del propio individuo que lo persigue, desafía u observa con mirada de juicio. En otros casos, el clon se manifiesta como una figura que asume la forma del soñador y actúa en su lugar, frecuentemente tomando decisiones erradas o perjudiciales. Lo que muchos no comprenden es que estos sueños no son solo simbólicos: representan la actividad real del clon durante el sueño, momento en que el campo de defensa psíquico está naturalmente más abierto.

Otro indicio poderoso de la presencia de un clon astral es la dificultad creciente en mantener pensamientos positivos y constructivos. La mente parece ser secuestrada por una niebla de negatividad, tornando arduo el ejercicio de la oración, de la concentración y de la meditación. La víctima intenta elevarse espiritualmente, pero pronto se siente dispersa, cansada o tomada por dudas. Esto ocurre porque el clon actúa directamente en los centros psíquicos superiores, intentando impedir el acceso de la conciencia a estados de vibración más elevada. Cuanto más elevado sea el pensamiento, más amenaza la existencia del clon, que depende de las frecuencias densas para continuar existiendo.

La inestabilidad emocional, con cambios bruscos de humor, es otra señal evidente. En un mismo día, la persona puede oscilar entre euforia y tristeza, esperanza y desesperación, entusiasmo y letargo. Estas fluctuaciones no tienen relación con eventos concretos y son, en la mayoría de las veces, incomprendidas hasta por los propios afectados. Los que conviven con estas personas frecuentemente notan esas alteraciones como comportamientos "extraños" o "fuera de lo común", generando conflictos y aislamiento social. El aislamiento, de hecho, es una consecuencia directa de la actuación del clon, que se alimenta de la desconexión emocional y del debilitamiento de los lazos afectivos del huésped.

La memoria también puede ser afectada. Pequeños lapsus, olvidos frecuentes, confusión de fechas o incluso pérdida temporal de noción del tiempo son comunes. En casos más graves, surgen relatos de episodios disociativos, en los cuales la persona realiza acciones de las que después no se recuerda con claridad. No se trata de amnesia médica, sino de momentos en que el clon asume parcialmente el control de las decisiones o interfiere directamente en la percepción de la realidad. Estas brechas en la memoria son peligrosas, pues indican una erosión progresiva de la soberanía psíquica de la persona sobre su propia mente.

La intuición también es afectada negativamente. Personas que antes tenían sensibilidad aguzada para percibir ambientes, captar vibraciones o recibir insights, pasan a sentirse "desligadas" o "desconectadas". Esta desensibilización no es natural —es provocada por el campo del clon, que interfiere en los canales superiores de percepción sutil. Como resultado, la víctima pierde la capacidad de percibir peligros energéticos, se torna más susceptible a trampas espirituales y se aleja de las conexiones con sus mentores o guías espirituales. En otras palabras, el clon crea un blindaje inverso: en vez de proteger, aísla, silencia y oscurece la luz interior.

Muchas veces, la persona afectada desarrolla un vocabulario interno de autosabotaje. Frases como "yo no soy capaz", "no voy a conseguir", "todo me sale mal" pasan a formar parte del repertorio mental cotidiano. Este tipo de discurso interno, aunque parezca solo psicológico, es frecuentemente inducido vibracionalmente por el clon. Ecoa esas frases en la mente del huésped, alimentando un ciclo de impotencia y desvalorización que le impide reaccionar. Es como si el propio clon, al instalarse como voz interna, fuera moldeando una nueva personalidad negativa, que se sobrepone a la esencia verdadera de la persona.

Tal vez la señal psíquica más sutil y devastadora sea el gradual vaciamiento del sentido de la vida. La persona no siente más placer en las actividades que antes la alegraban. El entusiasmo desaparece, los proyectos pierden importancia, y la existencia parece reducirse a un automatismo gris. Este estado de apatía profunda, muchas veces confundido con depresión, es el indicio de que el clon está hace mucho tiempo en el control, drenando no solo la energía, sino también el propósito del alma. El ser entra en un modo de supervivencia psíquica, donde apenas cumple rutinas, pero no vive de hecho.

Reconocer estas señales es esencial. No deben ser ignoradas ni tratadas solo con medicación o terapias convencionales, aunque estas puedan ser útiles como apoyo. La clave está en entender que, detrás de estas manifestaciones mentales y emocionales, existe una entidad sutil actuando —una entidad que necesita ser detectada, enfrentada y disuelta con conciencia, voluntad y luz. Pues la mente, así como el cuerpo y el espíritu, es un templo sagrado. Y ningún invasor, por más que se disfrace de parte del propio ser, puede permanecer donde hay claridad, firmeza y verdad.

Capítulo 20
Detección Espiritual

El reconocimiento de presencias sutiles que influencian la realidad personal demanda un tipo específico de percepción: aquella que trasciende los sentidos comunes y se ancla en la escucha de lo invisible. Detectar un clon astral, especialmente cuando este se aloja de forma profunda y silenciosa en el campo energético de alguien, exige la activación de facultades espirituales capaces de percibir lo que no puede ser tocado, pero que, aun así, deja marcas nítidas en la vida cotidiana. El proceso no comienza, como muchos imaginan, con un diagnóstico externo. Antes de eso, surge como un malestar interno, una intuición insistente de que algo está fuera de orden —no en el mundo exterior, sino en el paisaje íntimo de la propia existencia. Este incómodo sutil, casi siempre racionalizado o descartado, es en verdad una de las primeras señales de que el alma percibe el desequilibrio, incluso cuando la mente aún intenta negarlo.

La investigación espiritual se convierte, entonces, en un instrumento indispensable para quien busca comprender las causas invisibles de sus bloqueos, dolores o estados emocionales repetitivos. Diferente del enfoque terapéutico tradicional, que trabaja con síntomas, la investigación espiritual se sumerge en la raíz vibracional del problema. Exige entrega, escucha y disposición para encarar lo que fue proyectado para permanecer escondido. Muchas veces, el clon astral não se presenta como una entidad clara o amenazadora. Se oculta bajo la apariencia de la propia personalidad, disfrazado de hábitos, de patrones emocionales, de reacciones automáticas. Este camuflaje dificulta su identificación por métodos comunes. Sin embargo, a medida que se profundiza la percepción espiritual, surgen imágenes, sensaciones y mensajes que revelan la presencia del doble —sea por medio de sueños recurrentes, lapsus de identidad, o visiones simbólicas durante estados alterados de conciencia.

La mirada espiritual entrenada, como la de médiums, terapeutas energéticos o trabajadores de líneas espirituales específicas, puede funcionar como un espejo ampliado del alma. Estos profesionales captan, a través de diferentes técnicas y sensibilidades, formas-pensamiento condensadas, zonas de estancamiento vibracional, distorsiones en el campo áurico y presencias ligadas por cordones invisibles a la energía de la persona. Sin embargo, incluso antes de buscar un auxilio externo, la propia persona puede convertirse en investigadora de sí misma. El autoconocimiento, aliado a la práctica de la meditación, de la oración consciente y de la limpieza energética regular, comienza a abrir las cortinas internas donde el clon suele operar. La percepción comienza a cambiar. Lo que antes era apenas cansancio, tristeza o ansiedad, pasa a ser comprendido como interferencia. Lo que antes era confundido con rasgos de la personalidad, se revela como imposiciones sutiles de un "otro yo". Este reconocimiento es transformador, pues inicia un nuevo ciclo: el de la responsabilidad consciente sobre la propia luz, la propia sombra y todo lo que habita el espacio entre ellas.

    Para muchos, el primer paso hacia la detección es la autoobservación. El individuo, al sentir las señales físicas y psíquicas descritas anteriormente, comienza a intuir que algo en su vida está siendo influenciado por una fuerza que no es enteramente suya. En este punto, la intuición desempeña un papel valioso: susurra que existe un elemento extraño, que hay algo "fuera de lugar" en su experiencia cotidiana. Esta desconfianza es el punto de partida. Sin embargo, la confirmación de que se trata de un clon astral requiere instrumentos más refinados, capaces de sondear las capas ocultas del ser.

    Médiums clarividentes, sensitivos y terapeutas espirituales son los primeros aliados en esta jornada. La clarividencia es la facultad de ver más allá del mundo físico —y es precisamente a través de ella que muchos clones astrales son percibidos. En atenciones energéticas, como las realizadas en centros espiritualistas, casas de apometría o clínicas esotéricas, el médium experimentado puede identificar la presencia de una forma sutil acoplada al campo de la persona. Esta forma, muchas veces, aparece como una silueta del propio consultante, pegada a su aura o posicionada justo detrás del cuerpo físico. El médium, al describir esta imagen, frecuentemente habla de un "sosia", un "doble" o una "sombra con forma humana" que acompaña al paciente. Tales relatos, aunque simbólicos, reflejan con precisión la presencia del clon astral.

Otros profesionales utilizan técnicas específicas para esta detección. La radiestesia, por ejemplo, es ampliamente empleada. Con el uso de péndulos o aurímetros, el terapeuta verifica el campo vibratorio del individuo, detectando zonas de bloqueo, desequilibrio o superposición energética. Cuando hay un clon astral activo, el péndulo tiende a oscilar de forma irregular o a indicar una polaridad energética anómala. En algunos casos, es posible incluso mapear la localización del clon en el campo áurico de la persona: sobre la cabeza, en la espalda, al lado izquierdo o derecho, dependiendo de cómo se dio su formación y acoplamiento.

La fotografía Kirlian, aunque todavía considerada controvertida desde el punto de vista académico, es otra herramienta empleada por terapeutas espirituales. Esta técnica captura la irradiación energética del cuerpo y, en algunas ocasiones, revela patrones inusuales de luz alrededor del sujeto, como si hubiera duplicaciones o sombras anexas al aura principal. Algunos registros muestran una segunda silueta, más tenue, superpuesta al cuerpo del individuo. Estas señales visuales, interpretadas por especialistas, pueden indicar la presencia de una forma-duplicada, cuyo origen es astral.

En el campo de los sueños y de la proyección de la conciencia, la detección del clon astral asume contornos aún más fascinantes. Individuos que practican desdoblamiento astral consciente, es decir, que consiguen salir del cuerpo físico durante el sueño o a través de técnicas meditativas, a veces se encuentran con su propia imagen a distancia. Esta visión no es una metáfora ni una alucinación: se trata, muy probablemente, del encuentro con el propio clon. Algunos describen estas experiencias con asombro: ven una figura idéntica a sí, pero que actúa de manera extraña, camina por locales sombríos o los observa con frialdad. Estos encuentros son reveladores. El practicante despierto reconoce que hay un otro "yo" que actúa con autonomía, indicando que una parte de su energía psíquica se desdobló y ganó vida propia.

Grupos espiritualistas especializados, como los de apometría, ofrecen enfoques más estructurados para la detección de clones astrales. La apometría es una técnica que combina pases magnéticos, conteo rítmico y comando mental para desdoblar los cuerpos sutiles y acceder directamente a los planos espirituales. En una sesión apométrica, médiums se proyectan para investigar el campo energético del paciente bajo la orientación de mentores espirituales. En estas investigaciones, clones son frecuentemente localizados escondidos en subplanos astrales, ligados al consultante por cordones energéticos. Los relatos de los médiums describen estas formas con detalles sorprendentes: algunas son completamente similares al paciente, mientras que otras son distorsionadas, con facciones de sufrimiento, rabia o tristeza —reflejando el tipo de energía que les dio origen.

Es importante destacar que, a veces, el clon astral no aparece como una figura completa. En muchos casos, es identificado como un fragmento de la propia alma del paciente, una parte emocional traumatizada que se desprendió y pasó a actuar como entidad semi-independiente. Estas formas, vistas por médiums o percibidas por sensitivos, son descritas como "niños interiores heridos", "dobles llorosos" o "fragmentos de dolor". Su detección exige sensibilidad emocional y capacidad de comunicación espiritual, pues muchas veces estos fragmentos necesitan ser acogidos, comprendidos y reintegrados al todo de la conciencia, en vez de simplemente ser desterrados.

Algunas personas, incluso sin dones mediúmnicos desarrollados, relatan percibir claramente la presencia del clon. Lo sienten como una sombra que las acompaña, una voz que no es suya, una sensación de ser observada constantemente. Esta percepción, aunque no sea "prueba" en el sentido tradicional, es una evidencia subjetiva muy significativa. La espiritualidad, al fin y al cabo, no opera según los criterios del laboratorio, sino según las leyes de la vibración y de la conciencia. Cuando el individuo siente de forma insistente que hay algo más, algo que escapa a su razón pero está claramente presente en su vida interior, debe confiar en ese instinto y buscar auxilio.

Es en este punto que la fe y el conocimiento espiritual caminan lado a lado. El reconocimiento de un clon astral no se da por imposición externa, sino por la apertura del alma a la verdad. Cada síntoma físico, cada pensamiento extraño, cada sueño repetitivo compone un mosaico de pistas. Y cuando el cuadro se completa, la conciencia despierta. La persona percibe que no está imaginando, que no está loca, que no está sola. Hay, sí, una presencia. Hay un reflejo suyo caminando al lado, un ser que nació de sí, pero que ahora necesita ser reintegrado, disuelto o libertado.

La detección espiritual, por lo tanto, es un proceso de iluminación interna. Es el momento en que la luz de la verdad penetra las capas ocultas de la existencia y revela lo que estaba escondido. Detectar un clon astral es como encender una linterna en una sala oscura: la forma aparece, los contornos se revelan, y el miedo se disipa. Pues el mayor poder del clon está en la ignorancia —y su mayor debilidad, en la conciencia. Cuando el ser humano mira hacia dentro y reconoce su sombra, ella pierde el dominio. Y es entonces que comienza el verdadero proceso de cura.

Capítulo 21
Preparación Inicial

La presencia de un clon astral representa más que una simple anomalía energética: es el reflejo de una compleja interacción entre aspectos reprimidos de la psique, fragmentos emocionales no integrados y patrones vibratorios que se perpetúan en el inconsciente. La constatación de su existencia revela una fisura sutil, pero profunda, en la estructura energética del individuo, apuntando a la necesidad urgente de reorganización interna. No se trata de un problema aislado, sino de la manifestación de desequilibrios acumulados a lo largo del tiempo, que exigen enfrentamiento consciente y estructurado. El abordaje eficaz de esta realidad comienza por la preparación personal en niveles múltiples —espiritual, emocional, mental y físico— reconociendo que el proceso de liberación de un clon astral es, antes que nada, un proceso de restauración integral del ser.

Esta preparación comienza con el entendimiento de que el campo energético de una persona actúa como un espejo de su vida interior. Todo lo que se cultiva en la mente y en el corazón reverbera en este campo, que, a su vez, influencia directamente la realidad experimentada. Cuando el clon astral se manifiesta, denuncia una frecuencia que fue mantenida activa por tiempo suficiente para condensarse en una forma autónoma, aunque dependiente del huésped. Esa forma no surgió al azar: fue nutrida, consciente o inconscientemente, por dolores no resueltos, patrones emocionales cristalizados y hábitos que distorsionan el flujo natural de energía. Por lo tanto, antes de cualquier intento de ruptura, es imprescindible fortalecer la conexión con el yo superior, ampliar la lucidez interior y restaurar el alineamiento vibracional con las fuerzas de la luz, para que la fragmentación ceda lugar a la integración.

Este proceso preparatorio demanda compromiso profundo con el propio proceso de cura. No es suficiente adquirir conocimiento teórico o realizar prácticas superficiales. Es necesario sumergirse con honestidad en las capas más ocultas de la conciencia, rescatar partes del alma que fueron dejadas atrás, asumir la responsabilidad por las creaciones internas e iniciar una reforma íntima basada en valores elevados. La preparación exige constancia, entrega y sensibilidad para percibir las señales sutiles que indican progreso o resistencia. Es en este escenario que se construye el cimiento vibracional indispensable para enfrentar al clon no como enemigo a ser exterminado, sino como una creación a ser comprendida, trascendida y, finalmente, liberada.

Esta preparación inicial es más que un protocolo; es el reconocimiento de que el campo espiritual necesita ser fortalecido, protegido e higienizado antes de que se intente cortar el lazo con una entidad que, aun siendo una proyección del propio ser, desarrolló instintos de supervivencia y, en muchos casos, resistencia. El clon astral, especialmente aquellos moldeados por traumas, vicios emocionales o energías densas, actúa como una criatura viva: siente, piensa y, en cierta medida, lucha por mantener su existencia. Romper con él sin preparación adecuada puede generar desequilibrios más profundos, recaídas o reacciones intensas que escapan al control del practicante.

El primer paso en esta preparación consiste en establecer un estado interior de vigilancia constante. Esto implica una observación atenta de los propios pensamientos, emociones y comportamientos, sin juicio, pero con la firme intención de entender qué patrones mentales alimentan o refuerzan la presencia del clon. Este ejercicio es semejante a vigilar un jardín donde crecen malas hierbas: no basta arrancarlas —es necesario entender cómo se forman, de dónde vienen sus raíces, y qué las alimenta. La mente, cuando está desatenta, es suelo fértil para la repetición de viejos patrones. El clon, como extensión de estos patrones, se fortalece en la rutina inconsciente.

Simultáneamente, es esencial elevar la vibración personal. El clon astral solo sobrevive en franjas vibratorias más bajas, alimentándose de miedo, rabia, resentimiento, culpa o cualquier otro estado que fragilice el campo áurico y reduzca la frecuencia energética. Se nutre del dolor emocional que se arrastra sin solución, de las rencillas nunca curadas, de los pensamientos recurrentes que sabotan la fe y la autoestima. Existe donde hay estancamiento y oscuridad. Por eso, la elevación vibracional es un movimiento de liberación. Leer textos espirituales elevados, practicar el silencio interior, escuchar músicas armónicas, meditar, orar, estar en contacto con la naturaleza y hacer el bien —todo esto son formas de reconectarse con lo que hay de más luminoso dentro de sí y debilitar, poco a poco, la densidad que sustenta al clon.

Cuidar del cuerpo también forma parte de la preparación. El cuerpo es el instrumento de manifestación del alma, y cualquier práctica espiritual que lo excluya está incompleta. Una dieta más ligera y natural, con alimentos frescos y vivos, favorece la limpieza del campo energético. Evitar excesos, bebidas alcohólicas, sustancias tóxicas y ambientes cargados de negatividad es igualmente importante. Algunos maestros espirituales recomiendan incluso ayunos cortos y conscientes —no como castigo, sino como ejercicio de dominio sobre los impulsos y purificación física. La ingestión de agua fluidificada, consagrada con plegarias e intenciones elevadas, también es una práctica tradicional para preparar el organismo y el campo sutil.

Durante este período preparatorio, la protección del sueño debe ser intensificada. Como el clon actúa con mayor libertad en los momentos en que el cuerpo físico reposa, y la conciencia se desdobla, el ambiente del cuarto debe ser transformado en un verdadero santuario vibracional. Inciensos de limpieza, como salvia blanca, olíbano o mirra, pueden ser utilizados antes de dormir. Cristales como la amatista y la turmalina negra pueden ser colocados bajo la almohada o al lado de la cama.

Orar antes de dormir, pidiendo amparo y protección, es más que una tradición religiosa: es un acto energético poderoso que acciona fuerzas sutiles de defensa. Visualizar una esfera de luz dorada envolviendo todo el cuerpo al acostarse es una técnica simple y eficaz para mantener alejadas presencias indeseadas durante el sueño.

El ambiente externo también debe ser preparado. Es necesario limpiar la casa, tanto física como energéticamente. Una casa sucia, desordenada, oscura y sofocante tiende a acumular formas-pensamiento, larvas astrales y otros miasmas que, inconscientemente, refuerzan la actuación del clon. Organizar los espacios, abrir ventanas, dejar entrar el sol, deshacerse de objetos rotos o que carguen memorias dolorosas son actitudes simbólicas y prácticas que transforman el campo energético de la residencia. Además, se puede hacer uso de sahumerios con hierbas, agua con sal gruesa en las esquinas y mantras o cánticos sagrados sonando en volumen suave en los ambientes más densos.

Durante este período, también es recomendable escribir. Sí, escribir. Registrar pensamientos, emociones, sueños, patrones recurrentes. Este diario espiritual servirá como un espejo del alma, revelando lo que el discurso consciente muchas veces ignora. Se puede, inclusive, escribir cartas al clon —no con rencor, sino con la intención de comprenderse. Decirle lo que representa, por qué fue creado, qué provocó su formación y cómo ha llegado el momento de liberarlo. Escribir para curar. Escribir para revelar lo que estaba escondido. La escritura es una herramienta poderosa de autotransformación, pues al nombrar lo que se siente, se le quita fuerza a la sombra.

Otro punto importante en esta preparación es el compromiso con la propia cura. Enfrentar un clon astral es enfrentarse a sí mismo. No sirve de nada intentar disolver el clon y continuar repitiendo los mismos comportamientos, cultivando los mismos resentimientos, alimentando los mismos miedos. Es preciso desear, profundamente, la liberación. Y ese deseo no puede ser superficial. Tiene que nacer del centro del alma, de la decisión inquebrantable de no vivir más en cautiverio energético. Este compromiso se traduce en actitudes cotidianas, pequeñas elecciones, actos conscientes que, sumados, crean la fuerza necesaria para sostener el proceso de disolución.

Se debe comprender que esta preparación no tiene plazo exacto. Para algunos, basta una semana. Para otros, puede llevar meses. Cada ser carga una historia, una vibración y una estructura energética distintas. No hay prisa, pues no se trata de una carrera contra el tiempo, sino de un viaje hacia la integridad. Y cuanto más sólida sea esa base preparatoria, más eficaz será el proceso de separación del clon. Es como afilar la espada antes de la batalla: no se trata de temor, sino de sabiduría.

Al final de esta fase, el campo energético estará más limpio, la mente más serena, el corazón más ligero. La sombra que antes se escondía en los rincones del inconsciente comenzará a volverse visible. Y el ser, fortalecido, podrá entonces dar inicio a las prácticas que buscan la disolución definitiva del clon astral —no con miedo o hesitación, sino con la certeza de que está listo para reconquistar su espacio sagrado interior. La preparación no es solo el inicio: es el cimiento sobre el cual toda la liberación será construida.

Capítulo 22
Limpieza Espiritual

La limpieza espiritual emerge como uno de los movimientos más profundos y transformadores dentro del proceso de liberación del ser. Tras consolidar una base interna firme y elevada, el individuo se encuentra apto para realizar intervenciones energéticas que no solo remueven impurezas vibratorias, sino que también desestructuran los cimientos ocultos que sustentan la presencia del clon astral. Esta etapa trasciende rituales superficiales o gestos automatizados: invita a la presencia total, a la intención lúcida y al compromiso amoroso con la propia liberación. Cada acción realizada en este contexto se convierte en un acto sagrado, pues representa la reapropiación del espacio interior que, por mucho tiempo, estuvo ocupado por formas distorsionadas de energía, creadas en momentos de fragilidad emocional o desconexión espiritual.

Este proceso demanda entrega consciente y respeto a las leyes sutiles que rigen los campos espirituales. La limpieza verdadera solo ocurre cuando hay una llamada genuina por la luz, cuando el ser, por entero, desea renacer vibracionalmente. Es en ese estado de entrega que las prácticas ganan fuerza: las hierbas liberan su esencia viva, los cristales amplifican su frecuencia, los sonidos sagrados reverberan como espadas de luz, y el agua arrastra lejos lo que ya no sirve más al propósito del alma. Más que disolver la presencia del clon, esta etapa revela cuánto el ser estaba, muchas veces, habituado a convivir con su propia sombra sin darse cuenta. La limpieza espiritual, en este contexto, actúa como un espejo, revelando lo que necesita ser transmutado y ofreciendo las herramientas para que esto ocurra con claridad y firmeza.

Al abrazar este proceso, el practicante comienza a percibir cambios sutiles, pero profundos, en su percepción, en sus sentimientos y en la calidad de su presencia. La ligereza que surge no es solo física —toca dimensiones más elevadas de la conciencia, despertando una nueva relación con el cuerpo, con el ambiente y con lo sagrado. La limpieza espiritual no es, por lo tanto, un evento aislado, sino una continua reconexión con la esencia. Cada capa de densidad que se disuelve abre espacio para que la verdad interior florezca, alejando al clon no con violencia, sino con luz —una luz que, una vez encendida, torna imposible la permanencia de aquello que vive de la oscuridad.

La limpieza espiritual no puede hacerse de forma apresurada o displicente. Exige presencia, intención firme y apertura de corazón. Cada gesto, cada palabra, cada instrumento utilizado debe estar impregnado de conciencia. Al fin y al cabo, estamos hablando de un proceso que mueve capas vibratorias sutiles, donde actúan formas-pensamiento, emociones cristalizadas, fragmentos de dolor y conexiones astrales. En este escenario, el clon astral sobrevive como un parásito oculto, alimentándose de aquello que se acumula sin ser transformado. Por lo tanto, el objetivo aquí no es solo retirar la suciedad, sino abrir camino para que la luz circule y disuelva lo que no pertenece al ser.

Una de las formas más antiguas y eficaces de iniciar la limpieza espiritual es el sahumerio con hierbas. Desde tiempos inmemoriales, las plantas fueron reconocidas como entidades vivas, dotadas de propiedades vibracionales específicas. Quemar salvia blanca, romero, ruda o lavanda, por ejemplo, no es solo una práctica de aromaterapia —es un acto de invocación de los poderes naturales de la purificación. El humo de estas hierbas, cuando es conducido con intención clara, penetra los poros invisibles del aura, rompiendo conexiones densas, desagregando larvas astrales y creando un campo de protección temporal. Al sahumar el propio cuerpo, se deben hacer movimientos ascendentes, del suelo a la cabeza, visualizando que toda energía oscura está siendo soltada y transmutada. En los ambientes, se deben recorrer todas las esquinas, inclusive debajo de camas, detrás de puertas, dentro de armarios. Lugares oscuros y cerrados tienden a acumular entidades y formas estancadas que dan soporte vibracional al clon.

Otra práctica fundamental son los baños de limpieza energética. Uno de los más clásicos involucra la preparación de una infusión con sal gruesa, hojas de ruda, romero y albahaca. Tras el baño higiénico habitual, esta mezcla debe ser derramada del cuello para abajo, nunca sobre la cabeza, mientras se hace una plegaria silenciosa pidiendo que toda negatividad sea llevada por las aguas. El efecto es inmediato: muchos relatan sensación de ligereza, alivio o incluso un pequeño escalofrío —señal de que hubo desplazamiento de cargas densas. Es importante no secar el cuerpo con toalla después de este baño, sino permitir que la piel se seque naturalmente, absorbiendo las propiedades del agua y de las hierbas.

Además de los baños y sahumerios, el uso consciente de cristales puede potenciar la limpieza espiritual. Cristales como la turmalina negra, la obsidiana, la amatista y el cuarzo transparente poseen propiedades de absorción, transmutación y ampliación energética. Al colocarlos sobre los chakras durante una meditación, se crea un vórtice de resonancia que auxilia en la disolución de bloques energéticos. La turmalina, por ejemplo, es excelente para el chakra básico, actuando como un ancla que expulsa vibraciones nocivas. Ya la amatista, ligada al chakra coronario, favorece la conexión con los planos superiores y actúa como purificadora mental. Estos cristales deben ser energizados antes del uso, preferentemente con agua y sol, y programados con la intención específica de limpieza y protección.

El poder de la palabra tampoco puede ser subestimado. Oraciones, mantras, invocaciones y afirmaciones actúan como frecuencias sonoras que reordenan la matriz vibratoria del ser. Al recitar mantras como el "Om Mani Padme Hum", el "Om Namah Shivaya" o incluso oraciones tradicionales del cristianismo, como el Salmo 91 o la Oración de San Miguel Arcángel, se crea una onda sonora que reverbera por todas las dimensiones del campo espiritual. Estas palabras, cuando son dichas con fe, cortan las conexiones densas, desintegran formas-pensamiento y debilitan la estructura energética del clon astral. La repetición diaria de una oración o mantra es como un escudo que se forma, capa por capa, alrededor del practicante.

Importante también es cuidar la limpieza vibracional del ambiente. Casas y cuartos donde hay acumulación de tristeza, peleas, pensamientos densos o desorganización tienden a generar una atmósfera propicia a la presencia de entidades y formas-pensamiento. La limpieza del hogar debe incluir la organización de los espacios, la retirada de objetos sin uso, la apertura de las ventanas para entrada de luz solar y la utilización de instrumentos como campanas, cuencos tibetanos o incluso palmas rítmicas para movimentar la energía parada. El sonido es un poderoso limpiador astral, capaz de quebrar cáscaras energéticas que muchas veces dan sustentación al clon en los ambientes.

Una práctica menos conocida, pero extremadamente eficaz, es el uso de círculos de protección con sal gruesa. Se puede dibujar en el suelo, alrededor de sí mismo, un círculo de sal mientras se afirma: "Nada que no sea de la luz puede traspasar este límite". Este gesto simbólico tiene profundo valor energético, pues representa el establecimiento de fronteras vibracionales. El clon astral, al ser confrontado con barreras de luz y orden, comienza a desestabilizarse. Se alimenta del desorden, del caos, de la repetición inconsciente. Cualquier gesto consciente de organización espiritual es un ataque directo a su sustento.

Durante el período de limpieza, es común que ocurran reacciones. Puede haber sueños intensos, sensación de agotamiento, episodios de melancolía repentina o incluso manifestaciones físicas como dolores de cabeza, náuseas o escalofríos. Estos síntomas no deben ser temidos: son señales de que la densidad se está moviendo, que el proceso está funcionando. Es el lodo espiritual siendo removido. Es fundamental, en esos momentos, mantener la serenidad y continuar con las prácticas, sabiendo que cada incomodidad es pasajera y forma parte de la purificación.

Se debe siempre cerrar las sesiones de limpieza con visualizaciones positivas. Imaginarse envuelto por una luz blanca o dorada, sentir esa luz penetrando por cada célula, cada espacio vacío del cuerpo, llenando y curando, es esencial para sellar el campo energético. Esta visualización refuerza el propósito de la práctica, aleja cualquier resquicio que intente permanecer y prepara el terreno para las próximas etapas, que involucran destierro, corte de vínculos y reintegración de la soberanía del yo. Limpiarse espiritualmente es un acto de coraje y amor propio. Es afirmar al universo: "no acepto más cargar lo que no es mío, no acepto más convivir con lo que me hiere". Es un rito de paso que marca el inicio de la separación definitiva entre el ser esencial y la sombra que lo imita. Y cuando esa decisión es tomada con firmeza, el clon astral, que por tanto tiempo habitó los sótanos del alma, comienza a percibir que su tiempo está llegando a su fin.

Capítulo 23
Ritual de Destierro

El ritual de destierro representa la culminación de un proceso de retoma del poder interior y reafirmación de la soberanía espiritual. Tras la remoción de las capas densas que alimentaban la presencia del clon astral, llega el momento de declarar, con autoridad y claridad, que ninguna energía disociada o forma autónoma tiene más permiso para permanecer en el campo vibracional del ser. El destierro es, por lo tanto, una ceremonia de empoderamiento, donde el individuo se posiciona como guardián consciente de su propio espacio energético, rompiendo los últimos vínculos con lo que lo aprisionaba y restaurando su centralidad interior. Esta práctica no es un artificio místico vacío, sino un gesto concreto de reintegración, en el cual el espíritu se levanta y asume su lugar original en el orden sutil de la existencia.

Esta acción ritualística va más allá de la expulsión de presencias o interferencias: altera los códigos vibratorios que sustentaban conexiones inconscientes, deshaciendo pactos energéticos silenciosos, hábitos mentales compulsivos y frecuencias emocionales que, incluso sin intención deliberada, mantenían vivo el lazo con el clon astral. Al desterrar estas formas, el practicante no está solo enviando fuera un fragmento externo —está cortando la raíz interna que sustentaba esta manifestación. Esto exige más que gestos simbólicos: exige alineamiento entre pensamiento, emoción y espíritu. Cada palabra pronunciada, cada visualización, cada movimiento durante el ritual debe ser expresión de la convicción de que aquel ciclo llegó a su fin. La presencia es la clave: cuando el ser está entero en el gesto, la energía obedece, y el campo se reorganiza conforme a la nueva orden decretada.

La fuerza del destierro está directamente ligada a la autenticidad del practicante. No es necesario adoptar formas complejas o repetir fórmulas herméticas si estas no resuenan con su verdad interior. Lo que torna el destierro eficaz es la intención clara y la certeza vibracional de que la liberación es posible —y está sucediendo. El ser que se coloca delante de sí mismo y afirma, con voz firme, que su espacio es sagrado e inviolable, activa fuerzas superiores que responden inmediatamente a esa llamada. El clon astral, cuya existencia depende de brechas energéticas y resonancias con estados de fragilidad, no encuentra más dónde sustentarse cuando es confrontado con esa luz consciente. Así, el ritual de destierro se convierte no solo en un acto final de expulsión, sino en el inicio de una nueva etapa: la de vivir plenamente anclado en sí, libre de la distorsión que un día se hizo presencia, pero que ya no encuentra más hogar.

Un verdadero ritual de destierro actúa como decreto vibratorio. Cuando es realizado con conciencia plena, no solo aleja entidades o formas energéticas indeseadas, sino que también disuelve las frecuencias que permitían su permanencia. En el caso del clon astral, el destierro es la ruptura directa con su conexión. Corta los canales por donde fluía energía entre el ser original y su réplica, interrumpe los accesos que el clon utilizaba para influenciar, drenar o manipular. Más que una expulsión, el destierro es un reposicionamiento vibracional: el yo sagrado se coloca en el centro y reivindica su espacio interno con autoridad.

No existe una única forma correcta de destierro. Lo que importa es la combinación de tres elementos: intención firme, presencia consciente y acción ritualística simbólica. Algunas tradiciones utilizan fórmulas precisas, como el Ritual Menor del Pentagrama de la Golden Dawn, en el cual se trazan símbolos en el aire en cuatro direcciones, invocando nombres divinos que vibran en los planos superiores. Otros prefieren rituales más simples, pero igualmente poderosos, como el uso del sonido (campanilla, tambor, mantra), del fuego (vela, incienso), de la palabra (afirmaciones, comandos verbales) y del gesto (manos en movimiento, uso de bastón o athame).

Un ejemplo de destierro accesible y eficaz puede realizarse de la siguiente forma: el practicante se posiciona en el centro de un cuarto limpio, preferentemente después de un sahumerio. Con los pies descalzos tocando el suelo, respira profundamente y visualiza una esfera de luz blanca envolviendo todo su cuerpo. En seguida, extiende la mano dominante (o sostiene un bastón ritual, si lo posee) y traza en el aire, delante de sí, un símbolo de poder —que puede ser un pentagrama, una cruz, una estrella o cualquier otro icono sagrado de su fe. Mientras hace esto, pronuncia en voz firme y clara: "¡En nombre de la luz suprema que habita en mí, yo destierro toda presencia, forma o energía que no sea de mi esencia divina! ¡Que todo lazo con lo que me limita, drena o aprisiona, sea ahora cortado, deshecho y transmutado!"

El practicante entonces gira en sentido horario, repitiendo el gesto y las palabras para las demás direcciones cardinales: este, sur, oeste y norte. En cada punto, refuerza su intención con voz firme, como quien afirma una verdad absoluta. Si desea intensificar el proceso, puede crear un círculo de sal gruesa a su alrededor antes de iniciar, representando la barrera entre sí y el mundo externo. El uso de una vela blanca encendida en el centro del círculo también contribuye a anclar la presencia luminosa.

El poder del sonido es un aliado imprescindible en el destierro. Golpear palmas rítmicas, tocar una campana, un tambor chamánico o incluso pronunciar sonidos sagrados como el mantra "Om", "Ra", "Aum" o vocablos arcaicos como "Agla", "Tetragrammaton" o "Adonai", conforme a la tradición esotérica adoptada, crean una resonancia que fragmenta y expulsa entidades o formas vibracionales disonantes. El sonido es vibración pura —y como tal, moldea, expande y purifica los campos sutiles.

El agua también puede ser empleada como elemento de destierro. Una preparación simple consiste en mezclar agua con sal gruesa y algunas gotas de aceite esencial de lavanda o romero. Esta solución, fluidificada con una oración o consagración, puede ser asperjada en las esquinas de la casa y alrededor del cuerpo con una pequeña escoba de hierbas, con los dedos o incluso con una ramita de planta. Cada gota carga la fuerza de la intención de limpieza. Al final, una plegaria sellando el acto refuerza el comando: "Que la luz permanezca donde antes había sombra. Que solo el bien, lo bello y lo verdadero habiten este espacio sagrado".

En destierros más avanzados, como los utilizados en rituales ceremoniales, existe la invocación directa de entidades superiores. El practicante, debidamente protegido y alineado, puede llamar la presencia de guías, arcángeles, maestros ascendidos o de su Yo Superior, pidiendo auxilio para cortar lazos y disipar formas autónomas. En esos casos, es común haber visiones, escalofríos, calofríos o incluso manifestaciones físicas momentáneas, como mareos o bostezos. Esto no debe asustar: es la señal de que el campo está siendo purgado, de que la entidad desterrada se está desligando del sistema energético.

Es importante comprender que el destierro no es una solución definitiva por sí solo. Actúa como una intervención de emergencia o una quiebra de patrón, pero si el patrón interior que dio origen al clon astral no es transformado, la forma podrá intentar retornar o ser recreada. Por eso, después del destierro, es indispensable mantener la vibración elevada, continuar con prácticas de protección y fortalecer el nuevo estado de conciencia que se conquistó. El clon astral es un producto de resonancia: si la frecuencia anterior persiste, puede encontrar medios de reconectarse.

Muchos relatan que después de un destierro bien ejecutado, hay una sensación inmediata de alivio —como si una presión invisible se hubiera disipado, como si el aire estuviera más ligero, el cuerpo más suelto, la mente más clara. Otros experimentan sueños reveladores, visiones simbólicas o intuiciones fuertes de que algo importante fue roto. Esas señales indican que el ritual fue exitoso, pero también apuntan que el trabajo debe proseguir. Cada hilo cortado necesita ser sustituido por raíces de luz, por nuevas conexiones con lo que eleva y fortalece.

Algunos practicantes prefieren realizar el destierro en ciclos —por ejemplo, durante siete días consecutivos o por tres días en horarios específicos, como al amanecer o al anochecer. Este tipo de repetición crea una especie de sello energético, dificultando el retorno de influencias indeseadas. La disciplina es parte esencial del proceso. El clon astral es persistente, especialmente si existía hace mucho tiempo. Pero la fuerza de la voluntad despierta es infinitamente mayor.

Lo más importante en cualquier ritual de destierro es la fe. No fe ciega, sino la convicción de que tienes autoridad sobre tu campo vibracional, de que ninguna fuerza externa puede más comandar tus pensamientos, emociones o energías. El clon astral, al verse delante de un ser consciente y determinado, comienza a desestructurarse. Depende de la duda, de la fragilidad y de la distracción para sobrevivir. Pero al ser confrontado por un espíritu firme, envuelto en luz, no encuentra más abrigo. El ritual de destierro es, entonces, la proclamación de la libertad. Es el momento en que el ser mira hacia adentro, ve su propia fuerza y dice: "Aquí, en este templo que soy yo, no hay más lugar para lo que me desintegra. Solo la luz habita en mí ahora." Y esa verdad, afirmada con coraje, resuena por todos los planos del ser, sellando la puerta por donde el clon astral un día entró.

Capítulo 24
Protección Espiritual

La protección espiritual se establece como el cimiento invisible, pero fundamental, que sustenta la liberación conquistada e impide cualquier intento de regresión vibracional. Después del destierro, en que los vínculos con el clon astral son conscientemente rotos, se inicia una nueva fase en la que el mantenimiento del campo energético elevado se convierte en prioridad absoluta. Esta protección no es un escudo estático, sino un campo dinámico, vivo, que se renueva continuamente a través de la disciplina espiritual, de la vigilancia mental y del cultivo diario de la luz interior. El verdadero poder de protección nace del alineamiento entre pensamiento, emoción y acción, creando un ambiente interno inhóspito a cualquier frecuencia disonante. Así, no se trata solo de alejar influencias externas, sino de establecer un patrón vibratorio tan coherente y elevado que ninguna fuerza incompatible con la luz consiga fijarse en él.

Esta etapa exige madurez espiritual y una postura activa ante la propia existencia. La protección verdadera nace del compromiso ético con la propia evolución, con la elección consciente de pensamientos que edifican, emociones que curan y actitudes que iluminan. Cuando el ser comprende que toda brecha energética es reflejo de un desequilibrio interno —sea un juicio no resuelto, un resentimiento persistente, o una duda alimentada silenciosamente—, pasa a tratar la protección no como defensa contra lo externo, sino como un trabajo continuo de purificación y coherencia interna. Es en este punto que el aura se fortalece y se convierte en un verdadero campo de fuerza espiritual. Y esa fortaleza no se edifica por azar: se construye diariamente con elecciones conscientes, palabras alineadas, silencio interior y conexión con lo que hay de más elevado.

En ese estado ampliado de conciencia, el ser despierta al hecho de que protegerse espiritualmente es, en verdad, un acto de amor propio en su forma más elevada. Es la decisión de no permitir más que su luz sea apagada por fuerzas de baja vibración, ni tampoco por actitudes autosabotadoras que reactivan antiguos patrones. La protección se convierte, así, en una expresión de la soberanía conquistada, un reflejo de la claridad de quien no acepta más ceder espacio a lo que desequilibra, hiere o debilita. Y cuanto más esta postura se enraíza en lo cotidiano —en gestos simples, en plegarias sentidas, en ambientes limpios y armonizados—, más infranqueable se torna el campo energético, repeliendo naturalmente cualquier intento de reintegración del clon astral o de formas-pensamiento que un día encontraron morada en el vacío de la inconsciencia.

Protegerse espiritualmente no es vivir en paranoia o en permanente estado de alerta defensivo. Por el contrario, es habitar un campo vibracional tan elevado, coherente y cohesivo que ninguna energía disonante consigue permanecer allí por mucho tiempo. El secreto de la verdadera protección está en el equilibrio: no se trata de cerrarse al mundo, sino de estar tan centrado e iluminado internamente que las fuerzas externas pierden el poder de influencia. El clon astral, como vimos, no se sustenta en la presencia de la luz plena —exige sombra, distracción, desequilibrio emocional. Así, al cultivar la luz dentro de sí, el ser humano se vuelve inviolable.

El primer elemento de esta protección es el escudo mental. Pensamientos recurrentes de culpa, miedo, inferioridad o rabia abren fisuras invisibles en la psicosfera, por donde penetran influencias y entidades oportunistas. Por eso, la vigilancia de los pensamientos es uno de los fundamentos más profundos de la protección espiritual. Esto no significa reprimir o negar sentimientos, sino transformarlos con lucidez. Cuando un pensamiento negativo surja, se debe acogerlo, entender su origen y, conscientemente, redirigir la energía. Repetir afirmaciones positivas, como "Yo soy luz en constante expansión" o "Ninguna fuerza externa tiene poder sobre mí", ayuda a reprogramar la mente y a consolidar el nuevo patrón vibracional.

La visualización creativa es otro instrumento poderoso. Todos los días, al despertar, se puede dedicar algunos minutos a imaginar una esfera de luz envolviendo el cuerpo. Esa esfera puede ser dorada, blanca, azul o del color que la intuición indique. Visualízala pulsando con una frecuencia elevada, alejando automáticamente todo lo que sea disonante. Siente esa luz penetrando tus chakras, fortaleciendo tus centros de energía y creando una armadura vibracional indestructible. Antes de dormir, repite el proceso. Esto protege el cuerpo durante el sueño, cuando estamos más susceptibles a interferencias astrales.

Objetos consagrados también actúan como anclas de protección. Amuletos, piedras, símbolos religiosos o espirituales tienen el poder de condensar una frecuencia específica e irradiarla continuamente. Una turmalina negra, por ejemplo, cuando está limpia y programada, puede absorber y transmutar energías negativas. Una amatista auxilia en la conexión espiritual y en la purificación de la mente. Una medalla de San Benito, un crucifijo, una estrella de David o un pentagrama, cuando son usados con fe y respeto, se convierten en verdaderos portales de protección. Lo importante es que estos objetos sean elegidos con el corazón y consagrados con un ritual propio —incluso simple— en el cual se invoque la luz y se determine su función protectora.

Además, la oración —independiente de religión— es una herramienta insustituible. Un alma que ora está conectada a fuentes superiores, alineada con el bien, y eso por sí solo aleja entidades densas. Oraciones como el Padre Nuestro, el Ave María, el Salmo 23, o fórmulas específicas como la "Oración de San Miguel Arcángel", deben ser entonadas con sentimiento y convicción. La "Oración de 21 días del Arcángel Miguel", por ejemplo, es ampliamente conocida por su eficacia en la disolución de lazos espirituales negativos, incluyendo vínculos con clones astrales. A lo largo de tres semanas, el practicante afirma diariamente su voluntad de liberación, invocando la espada de luz de Miguel para cortar todo lo que no pertenece a su campo divino.

La música también tiene papel esencial. Sonidos armónicos, mantras, cantos devocionales y frecuencias binaurales de cura contribuyen a mantener el ambiente y el aura en estado de elevación. Una simple secuencia de notas puede desestabilizar la frecuencia de una entidad intrusa, tornándola incapaz de sustentarse en aquel campo. Mantras como el "Om Mani Padme Hum", "Gayatri", "Om Namah Shivaya", o cantos gregorianos, tocados diariamente en el hogar, transforman el ambiente en una morada de luz.

El espacio físico donde vivimos debe ser continuamente purificado. Inciensos, sahumerios periódicos con salvia, mirra o romero, baños de hierbas, uso de sal gruesa en las esquinas y velas encendidas con plegarias de protección son prácticas simples que mantienen la vibración de la casa elevada. La armonía en el hogar —silencio, respeto, belleza, música, orden— también es parte de la protección espiritual. Ambientes caóticos o emocionalmente cargados son el hábitat preferido de formas astrales indeseadas.

Otro recurso de protección es la conexión con los guías espirituales. Muchas personas desconocen o descuidan la presencia de estos seres amorosos y sabios, que acompañan a cada alma en su jornada evolutiva. Al conversar con ellos —en plegarias, cartas, meditaciones— se fortalece ese vínculo y se abre un canal de comunicación y auxilio. Los guías no interfieren sin invitación. Pero al ser llamados, se manifiestan de diversas formas: intuiciones súbitas, encuentros sincrónicos, sueños reveladores. Actúan como escudos vivos, sustentando la luz cuando nuestras fuerzas parecen agotarse.

Aún hay un recurso poco comentado, pero de extrema eficacia: el ayuno espiritual. Reservar un día por semana para no consumir alimentos de origen animal, evitar distracciones excesivas, cultivar el silencio y la introspección es una forma de sutilizar el campo energético y permitir que el espíritu asuma el comando. En ese día, se puede dedicar tiempo a la lectura espiritual, a la meditación, a la escritura intuitiva. El campo sutil agradece y se fortalece.

Es importante subrayar que ninguna protección espiritual funciona si hay contradicción entre la práctica externa y la actitud interna. Es decir, no sirve de nada hacer baños, oraciones y sahumerios si el corazón continúa nutriendo odio, envidia, resentimiento o juicio. Esas emociones abren puertas que ninguna hierba u oración consigue sellar. Protegerse espiritualmente es antes que nada un compromiso ético consigo mismo. Es un pacto de lucidez. Es elegir, día tras día, alimentar solo lo que es bueno, bello y verdadero.

Con la protección espiritual activa y bien cuidada, el clon astral —si aún intenta aproximarse— encontrará un campo vibracional inaccesible. Comenzará a disolverse por falta de alimento energético. Más aún: otras entidades que otrora rodeaban el campo áurico de la persona, aprovechándose de brechas, también se alejarán. El aura se tornará como una muralla de luz, dentro de la cual florece la paz, el discernimiento y la verdadera libertad. Esta etapa, aunque aparentemente pasiva, es una de las más poderosas de toda la jornada. Es el escudo invisible que garantiza la permanencia de la liberación conquistada. Y es también la señal de que el ser asumió, de forma definitiva, la soberanía de su luz. Porque aquel que se protege con amor y conciencia ya no teme más —él apenas vive, vibra y resplandece.

Capítulo 25
Ayuda Espiritual

La jornada de liberación espiritual, por más intensa y disciplinada que sea, en determinados momentos encuentra barreras que exigen la convocación de fuerzas más allá de la capacidad individual. La ayuda espiritual surge como un recurso legítimo y necesario cuando, incluso después de prácticas consistentes de purificación, protección y destierro, la presencia del clon astral persiste con fuerza, resistencia o disimulo. Este auxilio no debe ser visto como una señal de insuficiencia personal, sino como la expresión más elevada de sabiduría: reconocer que hay momentos en que la intervención de conciencias más experimentadas, o de colectivos espirituales entrenados, es esencial para disolver patrones arraigados o interferencias complejas que desafían el alcance de la voluntad individual. Abrirse a esta asistencia es un gesto de confianza en el amparo divino y un paso crucial para profundizar el proceso de cura.

La búsqueda de ayuda espiritual, cuando es hecha con discernimiento y entrega, amplía las posibilidades de reconexión con lo sagrado. El ser, al salir del aislamiento vibracional y conectarse a corrientes más amplias de cura, ingresa en una red de apoyo invisible que opera de forma sutil y eficaz. Cada línea espiritual, cada tradición religiosa o esotérica, ofrece instrumentos propios para intervenir en el campo energético, muchas veces accediendo a dimensiones y niveles de interferencia que el practicante, solo, no conseguiría traspasar. Este movimiento de aproximación con otros saberes no es solo funcional —también es simbólico, pues marca la decisión de trascender el ego, de abandonar el orgullo silencioso que impide a tantos recibir ayuda, y de permitir que la luz llegue por medios diversos, inclusive a través de la mano extendida de otros seres encarnados.

En este contexto, aceptar el auxilio de guías, terapeutas, médiums, maestros o grupos espirituales es más que recurrir a una solución externa —es integrar una nueva frecuencia de pertenencia. Es saberse parte de un todo compasivo e inteligente, donde la cura circula entre aquellos que se disponen a compartir sus dones. Esta entrega abre puertas, disuelve resistencias internas y acelera la desintegración del clon astral, que pierde no solo el alimento energético, sino también la resonancia psíquica que lo mantenía preso al campo del practicante. Y así, envuelto por corrientes de auxilio amoroso y sustentado por presencias espirituales de alta vibración, el ser reencuentra la fuerza de continuar su jornada con más ligereza, claridad y profundidad, rumbo a la plenitud de su esencia original.

La asistencia espiritual puede venir de diversas fuentes, todas válidas siempre que estén conectadas a la luz y conducidas con seriedad. Centros espíritas, terreiros de Umbanda y Candomblé, casas de apometría, iglesias cristianas, comunidades budistas, grupos de meditación, maestros de reiki, terapeutas holísticos, chamanes, curanderos —el mundo está repleto de canales humanos y espirituales dedicados a auxiliar almas en sufrimiento. No se trata de religión, sino de sintonía: la persona debe buscar la línea espiritual que resuene con su alma e inspire confianza. Cuando esa conexión sucede, el proceso de liberación tiende a acelerarse y profundizarse.

En los centros espíritas kardecistas, por ejemplo, hay sesiones de desobsesión específicas para lidiar con entidades ligadas al periespíritu de los encarnados. Aunque el término "clon astral" no esté presente en la codificación kardecista, muchos médiums y doctrinadores ya han lidiado con casos en que un fragmento energético o forma pensante fuertemente ligada al paciente necesitaba ser encaminado o disuelto. En esas atenciones, el equipo espiritual —compuesto por mentores y socorristas— actúa directamente sobre la estructura del doble, identificando sus conexiones, cortando cordones fluídicos y encaminando la forma hacia centros de recuperación del plano astral. El trabajo del encarnado es mantenerse en oración, fe y vigilancia, pues incluso después de la desconexión, hay una fase de reequilibrio que requiere sustentación vibracional.

En los terreiros de Umbanda, el tratamiento suele ser más vigoroso y directo. Guías espirituales como caboclos, pretos-velhos y exus de luz hacen uso de pases energéticos intensos, sahumerios e incorporaciones para identificar y retirar no solo clones, sino también larvas, magias, pactos y fragmentaciones. En esos ambientes, los guías no solo remueven al intruso, sino que también entregan orientaciones específicas al consultante: baños de hierbas, rezos, ofrendas, cambios comportamentales. Es un proceso de purificación que alcanza cuerpo, mente y espíritu. Muchos casos de clones astrales fuertemente arraigados son tratados con éxito en esos espacios, pues los guías tienen autoridad y conocimiento profundo sobre el mundo de las formas y energías autónomas.

La apometría, por su parte, es una técnica altamente especializada y sistematizada para lidiar con casos complejos como los de clonación astral. En sesiones apométricas, los médiums se desdoblan bajo comando del coordinador y, junto a los mentores, localizan el clon en dimensiones paralelas. Muchas veces, esas formas están escondidas en bolsones vibratorios, encapsuladas por obsesores o incluso conectadas a equipamientos astrales como chips y dispositivos de control. El equipo espiritual, entonces, realiza operaciones detalladas: desconexión del clon, disolución por transmutación, envío de la forma a cámaras de regeneración o descarte vibracional, dependiendo de su naturaleza. También es común encontrar, junto al clon, otras formas parasitarias —como subpersonalidades, miasmas, pactos de vidas pasadas— que son removidas en el mismo proceso. La apometría es una herramienta quirúrgica, y cuando es aplicada por equipos bien entrenados, suele resultar en cambios perceptibles en el campo de la persona.

En contextos cristianos —católicos o evangélicos— aunque el concepto de clon astral no exista formalmente, muchas manifestaciones que serían identificadas como tal son tratadas como posesiones, influencias demoníacas o ataques espirituales. En iglesias católicas, se puede recurrir a exorcismos menores (oración de liberación, bendiciones, uso de sacramentales) o, en casos más serios, a un exorcismo formal conducido por un sacerdote autorizado. La oración fervorosa, la confesión, la comunión y la consagración personal son actos que, según esta visión, expulsan el mal y restauran la alianza con Dios. Iglesias evangélicas siguen línea similar: cultos de liberación, imposición de manos, ayunos, alabanzas y la lectura de la Biblia son utilizados para romper conexiones con fuerzas malignas. En ambos casos, la fe intensa y la rendición a lo divino funcionan como catalizadores de transformación y protección.

Hay también los enfoques chamánicos y holísticos, donde el terapeuta —muchas veces médium y curador— actúa con prácticas ancestrales como el tambor, el canto, la danza ritual, el uso de hierbas de poder, cristales, soplos y extracciones. En esos rituales, el clon es identificado por medio de visiones o percepciones sensoriales, y el curador ejecuta una retirada energética, muchas veces con la ayuda de sus aliados espirituales: animales de poder, ancestros o guías chamánicos. Después de la remoción, hay ritos de reintegración y fortalecimiento del aura, con recomendaciones específicas para el período post-tratamiento. Esos enfoques son especialmente eficaces cuando el clon surgió de fragmentación por trauma o fue creado en contextos de vidas pasadas, pues acceden a memorias celulares y campos profundos del ser.

Aún dentro del campo holístico, hay terapeutas especializados en tratamientos vibracionales como el reiki, la curación pránica, el thetahealing, la constelación familiar espiritual y otros abordajes. Aunque más sutiles, estas técnicas trabajan directamente con el campo bioenergético de la persona, disolviendo bloqueos y restaurando la fluidez vibracional. En sesiones de reiki, por ejemplo, es común que el terapeuta sienta o visualice formas extrañas ligadas al paciente —muchas veces correspondientes a clones, subpersonalidades o formas-pensamiento densas. La imposición de manos canaliza energía curadora que debilita y disuelve esos agregados, al mismo tiempo que fortalece la estructura energética saludable.

Otro aspecto importante de la ayuda espiritual es el acompañamiento terapéutico psicológico. Muchos clones astrales se alimentan de traumas, patrones mentales repetitivos, estados de victimización o autosabotaje. Un terapeuta experimentado puede ayudar al individuo a identificar esos patrones, resignificarlos y transformarlos. La terapia de vidas pasadas, por ejemplo, permite que el paciente acceda al origen de ciertos vínculos energéticos y los cure en la raíz. La constelación familiar, por su parte, muestra cómo patrones heredados pueden influenciar el campo energético y dar origen a fragmentaciones que resultan en clones. Psicólogos transpersonales, que integran espiritualidad al proceso clínico, son especialmente recomendados en estos casos.

Buscar ayuda espiritual, por lo tanto, es abrirse a la cura en todos los niveles: físico, emocional, mental y espiritual. Es permitir que otras manos —visibles e invisibles— auxilien en la reconstrucción del yo verdadero. El orgullo, el miedo o la incredulidad son los principales obstáculos en este proceso. Muchos resisten por recelo de ser juzgados, por no entender lo que les sucede o por no querer reconocer que están siendo influenciados. Pero al dar el primer paso y pedir ayuda, un nuevo flujo se establece: el universo responde, los guías se aproximan, el camino comienza a clarear. No hay cura completa sin apoyo. Y cuando ese apoyo es elegido con discernimiento y aceptado con gratitud, el proceso de disolución del clon astral no solo se acelera, sino que se vuelve más profundo y transformador. La persona siente, entonces, que no está más sola. Camina rodeada por aliados, por luces invisibles que la sustentan y celebran cada paso rumbo a la liberación total.

Capítulo 26
Cura Chamánica

La cura chamánica representa uno de los caminos más profundos y antiguos de reintegración del alma y disolución de fuerzas disociadas, como el clon astral. Enraizada en tradiciones que reconocen al ser humano como parte indivisible del todo cósmico y en constante relación con los mundos espiritual, natural y ancestral, esta práctica se apoya en la escucha simbólica del alma herida, buscando comprender, acoger y reintegrar las partes que de ella se desprendieron a lo largo de la jornada. Diferente de enfoques volcados únicamente a la expulsión o combate de formas energéticas intrusas, el chamanismo comprende que todo desequilibrio carga un origen, una memoria, un motivo. El clon astral, visto bajo esta óptica, no es solo un invasor: es una expresión autónoma de un dolor que aún no encontró resolución —y, por eso, necesita ser escuchada antes de ser liberada.

En este camino de cura, el chamán actúa como intermediario entre mundos, navegando por las dimensiones invisibles donde residen los fragmentos perdidos del alma. Su sensibilidad, fortalecida por rituales, silencio interior y conexión con sus aliados espirituales, le permite identificar el origen y la naturaleza del desequilibrio que se manifiesta como clon. A medida que accede a los planos espirituales, no solo percibe lo que está desplazado, sino que también dialoga con las partes del alma que fueron marginalizadas, amedrentadas u olvidadas. Esta escucha espiritual es un arte sagrado: exige empatía, intuición y profundo respeto por las historias que cada fragmento carga.

La cura, entonces, no sucede como una eliminación forzada, sino como una reconciliación amorosa entre el ser que busca la cura y las partes de sí mismo que quedaron atrás, cristalizadas en formas energéticas disociadas. El impacto de esta reintegración es inmediato y muchas veces conmovedor. El retorno del fragmento del alma —sea por medio del rescate o de la extracción de una entidad implantada— representa un nuevo inicio. El campo vibracional de la persona se reorganiza, los centros energéticos retoman el equilibrio y una nueva claridad emocional y espiritual emerge. No se trata solo de sentirse mejor: se trata de sentirse entero. La disolución del clon astral, en este proceso, no es un fin abrupto, sino el desenlace natural de una historia que encontró escucha, acogida y trascendencia. Y la persona que atraviesa esta experiencia no vuelve a ser la misma: retorna más conectada con su esencia, más firme en su camino y más consciente de que la verdadera cura nace del reencuentro amoroso con todas sus partes.

Para los chamanes, el ser humano no es una entidad indivisible. Está compuesto por partes del alma que pueden, en determinadas circunstancias, separarse del todo. Esta separación ocurre especialmente ante traumas intensos, miedos profundos, choques emocionales o rituales negativos. Cuando un pedazo del alma se aleja, puede quedar preso en algún plano del mundo espiritual, a veces permaneciendo allí durante años, décadas o vidas enteras. Este fragmento, al mantenerse activo y separado, tiende a adquirir una vida energética autónoma, con identidad propia, aunque basada en la matriz del alma original. Es lo que hoy denominamos clon astral, pero que en el entendimiento chamánico es un espíritu-partido que necesita ser traído de vuelta.

La técnica más conocida y reverenciada para lidiar con esta cuestión es el rescate del alma. En este ritual, el chamán, tras preparación ritualística e inducción al trance —generalmente por el sonido repetitivo del tambor o de la maraca— parte en un viaje espiritual a los mundos invisibles. Esos mundos son descritos como capas de realidad: el mundo inferior (asociado a la ancestralidad y a los traumas), el mundo del medio (relacionado con la vida cotidiana) y el mundo superior (dominio de los espíritus guías y de la cura). Al identificar dónde se encuentra el fragmento perdido, el chamán dialoga con él, observa su forma —que puede ser un niño herido, un animal enjaulado, una sombra— y, con auxilio de sus aliados espirituales, convence a esa parte del alma a retornar al cuerpo del consultante. El retorno es sellado con un soplo ritualístico: el chamán sopla el fragmento de vuelta, generalmente en la corona (chakra coronario) o en el centro del pecho (chakra cardíaco) de la persona, mientras entona cánticos sagrados y pide permiso al

Gran Espíritu para la reintegración. Este gesto simbólico no solo reintegra el fragmento, sino que disuelve el clon astral creado a partir de él, pues la matriz energética que sustentaba su existencia fue reabsorbida. Después del ritual, la persona suele relatar sentimientos de completitud, claridad, ligereza y, en algunos casos, llanto intenso, como si estuviera reencontrando una parte esencial de sí misma que había sido olvidada.

Hay también la extracción chamánica, utilizada cuando la forma intrusa —en este caso, el clon astral— no es un fragmento legítimo del alma, sino una entidad creada externamente e implantada en el campo de la persona. Esto ocurre, por ejemplo, en casos de magia negativa, pactos involuntarios o manipulaciones astrales. En esos escenarios, el clon es percibido como un invasor, una masa densa o una presencia oscura incrustada en algún punto del campo áurico. El chamán, entonces, en trance, localiza el punto de inserción, identifica la naturaleza de la entidad y, con movimientos ritualísticos, la extrae. Esta extracción puede ocurrir de diversas formas: jalando con las manos, utilizando instrumentos como cristales, plumas, bastones o incluso por medio de la succión —práctica antigua y potente, donde el chamán succiona simbólicamente la entidad por la boca y después la escupe en un recipiente con agua, alcohol o hierbas, el cual es quemado o descartado ceremonialmente. Tras la retirada, el campo de la persona es sellado con humo de hierbas, cantos y la invocación de los guardianes espirituales. En algunos casos, el chamán realiza también el reequilibrio de los chakras y ofrece un espíritu protector —animal de poder, ancestro o guardián elemental— para vigilar el espacio dejado por el intruso.

La eficacia de estas prácticas depende no solo de la habilidad del curador, sino también de la entrega del paciente. El chamanismo exige que el individuo participe del proceso con sinceridad y reverencia. Muchas veces, el chamán recomienda al paciente un período de recogimiento después del ritual, con restricciones alimentarias, abstinencia de alcohol, meditación y baños de hierbas específicas. También puede sugerir la creación de un altar doméstico, donde la persona depositará intenciones diarias de luz, como forma de sellar energéticamente la reintegración.

Es importante comprender que, para el chamanismo, todo lo que se manifiesta espiritualmente tiene una razón de ser. Un clon astral, aunque perturbador, carga un mensaje: algo fue olvidado, herido o reprimido. Por eso, el proceso chamánico no busca solo eliminar la forma —busca comprender su origen, curar el dolor que la generó y restaurar la integridad del alma. El clon, en este contexto, no es un enemigo a ser destruido, sino un mensajero del desequilibrio. Y cuando su mensaje es escuchado con el corazón, se disuelve como neblina al sol.

Los relatos de quien pasó por una cura chamánica verdadera son frecuentemente marcados por poesía e intensidad. Muchos hablan de sueños reveladores en las noches siguientes, de sensación de renacimiento, de reencuentro con memorias olvidadas y de un nuevo sentido de propósito. Otros dicen haber sentido el toque de manos invisibles, oído cantos en la oscuridad o visto luces que los envolvían. Todos, sin embargo, convergen en una percepción: algo cambió profundamente. Y ese cambio no viene del chamán, sino del espíritu que, finalmente, volvió a casa.

La cura chamánica, por lo tanto, no es solo una técnica —es un reencuentro con el alma ancestral, con el saber de la Tierra, con la sabiduría de los orígenes. Cuando es aplicada con ética, preparación y verdadero amor por el camino espiritual, tiene el poder de liberar no solo del clon astral, sino de todas las formas de fragmentación que nos alejan de quien realmente somos. Y nos enseña, sobre todo, que no importa cuánto nos hayamos perdido: siempre habrá una canción, un tambor, un soplo que nos guía de vuelta al hogar del espíritu.

Capítulo 27
Ritual Mágico

La disolución de entidades astrales vinculadas al campo energético de una persona requiere un enfrentamiento directo y consciente, sustentado por acciones que movilizan tanto la psique como los planos sutiles. Cuando un clon astral está profundamente enraizado —sea por su creación en contextos ritualísticos antiguos, sea por el refuerzo continuo de patrones mentales y emocionales—, su desactivación demanda un gesto que sobrepase la lógica y actúe simbólicamente en la estructura del ser. Un proceso de este tipo no puede ser reducido a técnicas genéricas o enfoques simplificados; exige una intervención profunda, que hable el lenguaje de lo invisible, una acción ritual que sea al mismo tiempo interna y externa. La práctica mágica, en este contexto, representa el puente entre el mundo material y las esferas sutiles, permitiendo que fuerzas conscientes e inconscientes se alineen en un movimiento de transmutación real.

Este tipo de ritual no es mero misticismo performático, sino una operación psicoenergética que exige presencia, claridad y una intención firme de liberación. La construcción de un ritual volcado a la disolución de un doble astral no se basa en dogmas o fórmulas hechas, sino en la comprensión de las fuerzas involucradas en la creación y mantenimiento de este vínculo. El clon astral, por su naturaleza, es un reflejo condensado de aspectos disociados del propio ser, mantenido activo por resonancias emocionales, creencias cristalizadas o vínculos energéticos inconscientes. Enfrentarlo, por lo tanto, es enfrentar una parte de sí —no para negarla o destruirla, sino para reintegrarla o disolverla, conforme a su origen y función. El ritual mágico ofrece los medios para ello al permitir que símbolos, gestos y elementos de la naturaleza sean movilizados de forma consciente, creando un campo de fuerza en el cual la intención del practicante puede operar con mayor eficacia.

La elección de los materiales, la disposición del espacio, la invocación verbal y el gesto final no son solo detalles ceremoniales, sino canales que organizan la energía y traducen el deseo interno en acción efectiva. Al asumir el comando del propio campo energético y establecer, por medio del rito, un nuevo orden vibracional, el practicante reivindica su soberanía espiritual. Romper con un clon astral es, en este sentido, más que alejar una presencia indeseada —es recuperar partes dispersas, revocar pactos inconscientes y actualizar la propia identidad en niveles profundos. El ritual, al simbolizar esta transformación, actúa como un catalizador que reorganiza el campo de modo a sustentar una nueva realidad interna. El poder del gesto está en la congruencia entre pensamiento, emoción y acción. Cuando esta tríada se alinea, la práctica mágica deja de ser un recurso externo y se convierte en una extensión natural de la voluntad despierta, capaz de disolver estructuras densas y restaurar el flujo vital original. De esta forma, el proceso de deshacimiento del clon no solo cierra un ciclo de disociación, sino que inaugura una nueva etapa de integración y presencia.

A diferencia de los ritos genéricos, que actúan ampliamente en la purificación y destierro, el ritual mágico dirigido al clon astral tiene por objetivo específico cortar el vínculo entre el original y la réplica, desprogramar los patrones energéticos que sustentan al doble y, si es posible, reintegrar los fragmentos legítimos al campo de la persona, disolviendo lo que sea artificial o deletéreo. La eficacia del ritual no está en su complejidad o en el número de elementos usados, sino en la claridad de la intención, en la concentración del operador y en el grado de autoridad espiritual con que se conduce la práctica.

Una de las formas más accesibles y eficaces de este ritual es la magia simpática, que trabaja con representaciones físicas de los elementos involucrados. Para realizarlo, es necesario un espacio reservado, limpio y energéticamente neutro —puede ser un cuarto purificado con incienso o hierbas sahumeriadoras, preferentemente en silencio y con poca luz, donde el operador pueda concentrarse profundamente. En el centro del espacio, una mesa o altar será el escenario simbólico de la operación. El primer paso es confeccionar dos figuras representativas: una para sí mismo, otra para el clon. Esas figuras pueden ser hechas de cera, barro, papel o tela, lo importante es que sean consagradas con foco y simbolismo. La figura que representa al practicante debe ser rotulada con su nombre completo, e idealmente contener un hilo de cabello, un poco de saliva o algún objeto personal que lo vincule energéticamente a la imagen. La segunda figura, que representa al clon astral, debe ser rotulada con el término "doble", "sombra", "proyección" u otro nombre que represente su naturaleza. Ambas figuras son ligadas por un cordón o hilo —simbolizando el lazo astral que conecta las dos formas.

En el centro del altar, entre las figuras, se debe posicionar una vela morada (símbolo de transmutación) y, alrededor, cristales como amatista, cuarzo transparente u obsidiana negra, que ayudan a absorber y transmutar las energías liberadas. También es recomendado el uso de un incienso de mirra, olíbano o ruda, cuyas propiedades son de limpieza profunda y consagración.

El practicante inicia el ritual entrando en estado meditativo. Respira profundamente, calma la mente y comienza a visualizarse a sí mismo libre de cualquier réplica energética. Visualiza su campo áurico íntegro, su luz expandida, su energía centralizada en el presente. En seguida, se concentra en la figura del clon y siente, sin miedo, la conexión que aún existe entre ambos. Reconoce el vínculo, acepta la existencia de la réplica, pero afirma interiormente que este lazo no es más necesario, no es más útil, no es más verdadero.

Con unas tijeras rituales (o una lámina consagrada previamente), el practicante entonces corta el cordón que une las dos figuras, diciendo en voz firme: "Por el poder de mi espíritu soberano, yo rompo ahora el lazo con todo lo que es falso, ilusorio o impuesto. Yo me libero y libero este reflejo de mí. Que vuelva a la nada o que se reintegre en la luz, conforme a la verdad mayor." La habla debe venir del corazón, con autoridad e intención. No es la palabra la que tiene el poder, sino la fuerza detrás de ella.

Hecho el corte, la figura del clon debe ser deshecha. Si es de cera, se puede dejarla derretir lentamente en la llama de la vela; si es de papel, puede ser quemada por entero; si es de barro, puede ser quebrada con un martillo y enterrada en la tierra. Lo importante es que ese gesto represente, de forma definitiva, la disolución de la forma. Al mismo tiempo, la figura del practicante es consagrada con un gesto de bendición —se puede ungir la frente de la imagen con aceite esencial, colocarla sobre un cristal, envolverla en un tejido blanco— y afirmar: "Ahora yo soy entero. Yo estoy en mí. Ninguna parte de mí se pierde, se divide o se ausenta. Yo soy uno solo en luz y verdad."

Otro ritual posible, más avanzado, es el ritual del espejo. En él, el practicante se posiciona delante de un espejo grande, con una vela encendida entre él y el reflejo. La llama crea un portal simbólico entre los mundos. El operador mira fijamente a sus propios ojos y, en estado de leve trance inducido por respiración rítmica y concentración, invoca al clon astral para manifestarse en el reflejo. En muchos casos, se puede sentir una presencia, un cambio en el semblante reflejado, una sombra que se mueve independientemente. No es necesario tener miedo: el espejo está sellado por la vela, y la presencia está confinada al reflejo. En ese momento, el operador habla al clon con compasión y autoridad: "Fuiste creado por dolor, por miedo, por fragmento. Pero yo no soy más eso. Yo soy ahora. Yo soy entero. Tú no necesitas más existir." Y, mirando a los ojos del reflejo, visualiza la fusión entre ambos: el clon entrando por los ojos, descendiendo al corazón, disolviéndose en la luz interior. Este ritual exige preparación emocional y práctica con visualizaciones, pero es de gran poder transformador. La vela, al final, debe ser dejada quemar hasta el fin, y el espejo cubierto por un paño durante algunas horas, para evitar reverberaciones.

Tras cualquier ritual mágico, es fundamental el *grounding* —el enraizamiento. El practicante debe alimentarse, tocar la tierra, bañarse, movimentar el cuerpo. Esto ayuda a estabilizar la energía y a cerrar el campo. También es recomendable anotar las impresiones del ritual, sueños que puedan surgir en los días siguientes, sensaciones físicas y psíquicas. Muchas veces, la liberación del clon astral desencadena procesos de realineamiento profundo, donde partes del ser necesitan reorganizarse en un nuevo eje.

El ritual mágico, por lo tanto, no es solo un acto simbólico. Es una acción directa en el plano invisible, donde el lenguaje del espíritu comprende gestos, imágenes, intenciones y arquetipos. Cuando es hecho con integridad, no solo disuelve el clon, sino que fortalece la presencia del verdadero yo —aquel que no se fragmenta, que no se pierde, que permanece entero incluso después de la noche más oscura del alma.

Capítulo 28
Técnica Apométrica

Entre los enfoques más eficaces para lidiar con interferencias astrales profundas, la técnica apométrica se destaca por la precisión, profundidad y coherencia con las dinámicas sutiles del ser humano integral. Con base en fundamentos sólidos que unen ciencia espiritual, observación mediúmnica y una metodología sistematizada, esta práctica propone un enfrentamiento directo y consciente de estructuras como los clones astrales, cuya actuación puede extenderse por años, oscureciendo la verdadera identidad del individuo y comprometiendo su equilibrio energético y emocional. La Apometría, en este contexto, ofrece más que un conjunto de técnicas —representa una tecnología espiritual avanzada que reconoce la complejidad del ser multidimensional y actúa respetuosamente sobre cada camada, promoviendo limpieza, reintegración y alineamiento. Su fuerza reside no solo en la capacidad de disolver formas parasitarias, sino en la habilidad de restaurar la soberanía del espíritu sobre sus propios dominios internos.

La base funcional de la Apometría está en la comprensión de que el ser humano está compuesto por múltiples cuerpos, que pueden ser accedidos, tratados y armonizados separadamente. La disociación controlada de estos cuerpos permite que interferencias, como los clones astrales, sean localizadas en niveles donde la conciencia ordinaria no alcanza. Con la ayuda de un equipo entrenado y asistido por mentores espirituales, el proceso ocurre de forma estructurada, meticulosa y profundamente transformadora. Los comandos utilizados —verbales, mentales y vibracionales— funcionan como llaves para acceder a las dimensiones donde el problema está anclado. Más que una práctica de exorcismo o destierro, se trata de una inmersión lúcida en los mecanismos internos del dolor y de la fragmentación, donde cada parte encuentra escucha, comprensión y destino adecuado.

    La claridad con que la Apometría opera permite que el tratamiento del clon vaya más allá del síntoma, alcanzando las raíces del disturbio energético y psíquico que permitieron su formación. Este enfoque es especialmente relevante cuando el clon no es solo una creación artificial, sino que porta aspectos reales del propio individuo —emociones reprimidas, traumas no resueltos, creencias limitantes cristalizadas a lo largo del tiempo. En esos casos, la Apometría actúa con sensibilidad, evitando rupturas bruscas y optando por la reintegración consciente. Esto transforma el tratamiento en un proceso de autoconocimiento profundo, donde el asistido no solo se ve libre de una entidad parasitaria, sino que se reencuentra con partes olvidadas de sí mismo, promoviendo una cura que es al mismo tiempo espiritual, emocional y psicológica. La técnica, por lo tanto, no tiene como foco la destrucción de una anomalía, sino la restauración del equilibrio original, a través de un camino que respeta la individualidad del alma y su historia. De esta forma, la Apometría se consolida como un instrumento de liberación y despertar, devolviendo al ser la posibilidad de habitar plenamente su propia luz.

El principio fundamental de la Apometría reside en la disociación controlada de los cuerpos sutiles. A través de comandos mentales y conteo rítmico, generalmente de 1 a 7, el facilitador (conocido como doctrinador o conductor) induce el desdoblamiento consciente de los médiums y del asistido. Con eso, las partes más sensibles del ser —como el cuerpo astral, el cuerpo mental inferior e incluso el cuerpo causal— pueden ser aisladas, examinadas y tratadas de forma directa en el plano espiritual, aunque el cuerpo físico permanezca inmóvil y en estado de vigilia.

Cuando se trata de clones astrales, la técnica apométrica ofrece recursos incomparables. El primer paso es el triaje espiritual. Durante la sesión, los médiums desdoblados entran en contacto con las dimensiones donde el clon puede estar instalado. Frecuentemente, estos clones son localizados en subplanos astrales densos, envueltos en campos de contención o acoplados a la psicosfera del asistido como verdaderos módulos parasitarios. Algunas veces, el clon siquiera está visible de inmediato, exigiendo escaneos energéticos meticulosos, donde los médiums detectan distorsiones en el aura, duplicaciones sutiles de personalidad o fragmentos energéticos animados artificialmente.

Al localizar el clon, el próximo paso involucra su contención. Con auxilio de comandos verbales y mentalizaciones específicas, los apómetras construyen campos magnéticos o "cilindros de contención", que aíslan al clon y le impiden reaccionar o huir. Este procedimiento es esencial para que el clon no retorne automáticamente al campo energético de la víctima después de la sesión. En este estadio, es común que se descubran también implantes, chips etéricos o dispositivos de control remoto conectados a la forma astral duplicada, todos ellos desarrollados por entidades obsesivas especializadas —los llamados "científicos de las sombras".

En seguida, se realiza la desconexión. Este proceso consiste en cortar los vínculos fluídicos y vibracionales entre el clon y el campo energético de la persona original. Tales vínculos generalmente se manifiestan como cordones, tubos energéticos o lazos vibracionales, los cuales drenan la vitalidad, replican patrones emocionales negativos y mantienen al clon funcional. Los médiums visualizan esos cordones siendo cortados con espadas de luz, láminas simbólicas o por la acción de comandos como: "Cortamos ahora, en nombre de la luz mayor, todos los vínculos negativos, parasitarios o manipuladores entre el ser original y su clon astral. Que cada uno retorne a su punto de origen para ser tratado o disuelto."

En este punto, hay dos posibilidades. Si el clon es puramente artificial, resultado de manipulación externa sin cualquier chispa de conciencia propia, puede ser inmediatamente disuelto por transmutación energética.

Esto se hace con auxilio de luz violeta, comandos de desintegración o por el direccionamiento de la forma hacia un núcleo transmutador espiritual. Sin embargo, si el clon carga en sí fragmentos legítimos del alma de la persona —como ocurre en los casos de traumas profundos, subpersonalidades reprimidas o proyecciones inconscientes— entonces el proceso requiere delicadeza. El clon no es destruido, sino acogido, comprendido y reintegrado al ser original.

Esa reintegración es conducida por medio de doctrina espiritual. Los médiums, bajo orientación de los mentores del equipo espiritual, dialogan con el clon, identifican sus creencias, dolores y propósitos. Muchas veces, esas formas piensan que están protegiendo al original, o viven aprisionadas en ideas obsoletas de culpa, rabia o miedo. Cuando son comprendidas y liberadas, esas formas se funden suavemente al campo de la persona, restableciendo la unidad interior. El asistido, en estado consciente, puede sentir emociones intensas durante ese momento: llanto, alivio, visiones simbólicas o incluso recuerdos vívidos de eventos olvidados. Eso indica que el alma está reestructurándose.

Además, la Apometría no se limita a tratar el clon. Alrededor de esa forma, frecuentemente se detectan obsesores, magos de las sombras, pactos kármicos, miasmas y formas-pensamiento que sustentaban o utilizaban el clon como herramienta. La sesión, por lo tanto, se transforma en un verdadero barrido espiritual, donde el campo de la persona es limpiado, protegido y restaurado. También es común que los mentores espirituales del equipo implanten dispositivos de luz, escudos vibracionales o reorganizaciones energéticas en los chakras y cuerpos sutiles, garantizando que el equilibrio recién conquistado se mantenga después del término de la sesión.

Un diferencial de la Apometría es la precisión técnica. No hay improviso. Los grupos serios trabajan con protocolos bien definidos, equipos mediúmnicos entrenados, plegarias de apertura y cierre, y reportes detallados. Todo es documentado, discutido y analizado después de cada sesión, garantizando un acompañamiento real del progreso del paciente. En casos más severos, se pueden agendar sesiones sucesivas, cada una enfocando en un aspecto de la fragmentación u obsesión. Esa continuidad es vital para consolidar la cura.

Es importante resaltar que el éxito de la Apometría depende tanto de la actuación del equipo espiritual como de la disposición del asistido. Después de cada sesión, se recomienda que la persona mantenga una rutina espiritual elevada: plegarias diarias, lecturas edificantes, contacto con la naturaleza, alimentación ligera y principalmente vigilancia emocional. Al fin y al cabo, incluso después de la remoción del clon, el patrón interno que lo generó puede intentar reconstituirse si no es transformado. La cura es un proceso dinámico, no un evento aislado.

La Apometría, cuando es realizada con seriedad, ética y preparación, se revela una herramienta liberadora. No solo disuelve el clon astral, sino que enseña al individuo que él es mayor que cualquier fragmento, más fuerte que cualquier sombra, y que posee en sí todas las llaves para su reintegración. Es, en esencia, un camino de retorno al centro del ser, donde ninguna réplica tiene espacio, y donde la luz original puede finalmente brillar en su totalidad.

Capítulo 29
Reintegración Interna

Tras la eliminación de una estructura energética como el clon astral, se inicia un proceso interno que requiere sutileza, escucha y reconexión profunda con la propia esencia. La ausencia del doble no significa, por sí sola, la restauración inmediata del equilibrio interno; al contrario, su retirada muchas veces revela lagunas psíquicas, campos sensoriales fragilizados y una sensación transitoria de vacío, que pueden manifestarse como melancolía, confusión o desorientación. Estas manifestaciones no indican regresión, sino que señalan que el sistema energético se está reorganizando después de un largo período de superposición identitaria. El espacio dejado por el clon necesita ser llenado con presencia auténtica, con la retoma de la conciencia en sus centros legítimos. Este es el momento en que la reintegración interna se presenta no como una elección, sino como una etapa necesaria de cura y reconstrucción, sin la cual la liberación alcanzada anteriormente permanece incompleta.

Reintegrarse internamente exige disposición para visitar partes de la psique que fueron reprimidas, ignoradas o rechazadas durante el tiempo en que el clon actuaba como sustituto psicoespiritual. El ser humano, al abdicar de fragmentos sensibles de la propia alma —por miedo, dolor o trauma— abre espacio para la formación de estructuras artificiales que, con el tiempo, ocupan el lugar del verdadero yo. La remoción del clon es, por lo tanto, solo el primer paso. El desafío mayor es convocar de vuelta esas partes legítimas, darles espacio de expresión y permitir que reencuentren su lugar en el conjunto de la personalidad. Esto no se hace con prisa o racionalización, sino con prácticas que promueven presencia consciente, escucha afectiva y apertura a lo que emerge del interior.

El reencuentro con estos aspectos no sucede de forma lineal; es orgánico, simbólico y profundamente transformador, especialmente cuando el individuo comprende que cada parte de sí carga una sabiduría que necesita ser acogida, y no combatida. Es en este terreno fértil de vulnerabilidad que la verdadera reconstrucción se inicia. La ausencia del clon deja el campo energético más claro, pero también más expuesto, tornándose esencial fortalecer las estructuras internas por medio de prácticas espirituales constantes, expresión emocional auténtica y enraizamiento físico. La reintegración no ocurre solo en los planos sutiles; necesita ser reflejada en la rutina, en las relaciones, en la forma como el individuo habita el propio cuerpo y se posiciona en el mundo.

Este proceso involucra, muchas veces, la revisión de hábitos, la quiebra de antiguos patrones de pensamiento y la revalorización de la propia historia. Cuando es hecho con constancia y sensibilidad, este retorno al centro resulta en una presencia vibracional más estable, en decisiones más alineadas con el alma y en una fuerza interior renovada —no aquella que impone o controla, sino la que sustenta, acoge y guía la conciencia de vuelta a su eje original.

Esta fase no se trata de exorcizar, expulsar o cortar —se trata de acoger, abrazar, reabsorber partes del yo que quedaron dispersas, divididas o descuidadas durante el tiempo de actuación del clon. Es un proceso de cura profunda y paciente, donde la persona aprende a escucharse de nuevo, a observarse sin juicio y a reconstituir la integridad de su esencia. El clon astral, en la mayoría de las veces, no surge de la nada: nace del dolor, del trauma, del desequilibrio emocional o de la represión de aspectos importantes del psiquismo. Por lo tanto, si no hay un retorno de esos aspectos a su legítimo centro, la ruptura puede repetirse.

La reintegración interna puede darse por diversos caminos, y no hay fórmula única. Uno de los más poderosos y simbólicos es el trabajo con visualizaciones profundas y conscientes. En un estado de relajación, ojos cerrados y respiración rítmica, la persona se visualiza en un escenario seguro: puede ser un bosque, un templo, una casa antigua. Allí, imagina encontrar un "otro yo" —generalmente un niño, un adolescente o una figura sombría, dependiendo del origen del fragmento. Al establecer contacto con esa parte perdida de sí, se inicia un diálogo. La escucha sincera es esencial: esa parte tiene algo que decir, algo que quedó olvidado, un dolor que nunca fue comprendido. Durante esa visualización, la persona extiende la mano, acoge esa figura y la invita a retornar. Cuando el "otro yo" acepta, ambos se abrazan y se funden en un solo cuerpo, generalmente por el centro del pecho o por el tercer ojo. Esa imagen simbólica tiene un impacto real en los planos sutiles: representa el retorno del fragmento perdido al eje de la conciencia. Después de esa fusión, el practicante visualiza una luz dorada envolviendo todo su ser, como un sello de unidad. Este simple ejercicio, hecho con sinceridad, promueve transformaciones notables en lo emocional y en lo psíquico.

Otras formas de reintegración involucran el uso de la palabra —sea escrita o hablada. Escribir cartas a sí mismo en diferentes fases de la vida es un ejercicio poderoso. La carta escrita al "yo herido", al "yo que creó el clon", o al "yo que fue manipulado" funciona como un pedido de reconciliación. Al poner en el papel sentimientos que nunca fueron expresados, se abre espacio para la cura. Esa práctica es aún más eficaz si, después de escribir, la persona lee la carta en voz alta para sí, delante de un espejo o en un altar personal, como quien convoca a la propia alma de vuelta a la superficie.

La terapia psicológica es una aliada esencial en este punto. Especialmente los enfoques que lidian con el inconsciente, como la psicología analítica junguiana, la terapia de vidas pasadas, la constelación familiar y el EMDR, posibilitan que memorias enterradas, arquetipos activados o dolores ancestrales sean integrados al consciente de forma segura. En esas prácticas, el terapeuta actúa como espejo y como guía, ayudando al individuo a encontrar las puntas sueltas de su historia y coserlas con hilos de lucidez, compasión y madurez.

La espiritualidad, por su parte, no debe ser dejada de lado. Meditaciones diarias, plegarias espontáneas y actos de gratitud tienen un papel insustituible en la reintegración. Agradecer al propio cuerpo, al alma, al espíritu, por haber soportado el proceso, es una forma de celebrar la unidad. Crear un pequeño altar en casa con elementos que representen las fuerzas restauradas —piedras, flores, símbolos personales, imágenes de protección— refuerza el compromiso con la nueva etapa. Ese altar funciona como punto de anclaje vibratorio, recordando diariamente que la fragmentación quedó atrás.

Es importante también cultivar el enraizamiento, el *grounding*, especialmente después de experiencias de desconexión intensa como la que ocurre con un clon astral activo. Actividades físicas leves como caminatas en la naturaleza, tocar la tierra con las manos, tomar sol por la mañana y cuidar de plantas ayudan al cuerpo a recordar que está vivo y presente. También favorecen el alineamiento de los chakras inferiores, muchas veces debilitados por largos períodos de parasitismo energético.

Otro aspecto fundamental es la vigilancia de los patrones mentales. Después de la disolución del clon, la mente puede continuar operando en modo automático, repitiendo ideas, miedos o creencias implantadas por la réplica. Es necesario identificar esos resquicios, reconocerlos y sustituirlos por afirmaciones conscientes. Mantras diarios como "Yo soy entero", "Mi alma está en paz", "Yo me pertenezco" y "Ninguna parte de mí está fuera de mí" deben ser repetidos hasta convertirse en verdad interior. El lenguaje tiene el poder de programar el campo vibratorio, y cuanto más esa programación sea conducida con presencia y constancia, más reordena el sistema interno.

Es en este estadio que el verdadero empoderamiento sucede. La persona, ahora liberada del clon, comienza a percibir cuánto cedió su fuerza en el pasado —y cuánto es posible reconquistarla. La voluntad retorna, el brillo en los ojos reaparece, los sueños vuelven a ser recordados. El campo energético pulsa con autenticidad. Y más que eso: la conciencia se expande. Aquello que parecía solo un problema espiritual o un disturbio emocional se revela como un viaje arquetípico de retorno al origen, como el mito del héroe que enfrenta su sombra y vuelve transformado.

La reintegración interna es, por lo tanto, el gran momento de florecimiento después del invierno de la fragmentación. Es cuando el alma vuelve a cantar con su voz original, cuando los pensamientos se alinean al corazón, cuando el pasado deja de ser un peso y se convierte en sabiduría. Es también el punto en que la persona se vuelve capaz de ayudar a otras —no más como víctima, sino como testigo de la luz que venció al espejo de la ilusión. Este proceso no termina en un día. Es una reconstrucción amorosa, lenta y profunda. Pero una vez iniciado, el camino solo apunta en una dirección: hacia dentro. Y allá, en el núcleo silencioso del ser, donde ninguna réplica puede alcanzar, reside la verdad de que somos enteros, siempre fuimos, y siempre seremos.

Capítulo 30
Cuidados Finales

Cerrar un ciclo de liberación espiritual profunda, como la remoción de un clon astral, exige más que la simple finalización de procedimientos energéticos — requiere el inicio consciente de una nueva etapa de madurez interior, donde el celo por sí mismo asume un papel central. Tras la reintegración de la esencia fragmentada, el campo vibracional entra en un proceso de estabilización delicado, en que toda elección cotidiana pasa a influenciar directamente el fortalecimiento o la vulnerabilidad del nuevo estado conquistado. Es en este momento que los cuidados finales dejan de ser detalles complementarios y se convierten en fundamentos estructurantes de una vida renovada. El cuerpo, la mente, el espíritu y las emociones necesitan operar en sintonía, sustentando juntos un nuevo nivel de integridad. Esta fase representa no el fin de un viaje, sino el inicio de un nuevo ciclo de presencia, donde cada gesto consciente colabora para la permanencia de la libertad recién conquistada.

La vivencia sin el clon, aunque liberadora, puede inicialmente parecer extraña para la psique, acostumbrada con los patrones repetitivos impuestos por la réplica energética. Por eso, el compromiso con prácticas diarias de anclaje y purificación se convierte en un pilar indispensable. Cada acto de cuidado consigo mismo —desde la organización del ambiente, la alimentación natural y la respiración consciente, hasta los momentos de silencio, gratitud y oración— actúa como una especie de reprogramación vibracional, que señaliza al campo energético que el tiempo de fragmentación quedó atrás. No se trata de obsesión con limpieza o rigidez espiritual, sino de una nueva ética de autocuidado: aquella que entiende que la libertad espiritual, una vez alcanzada, necesita ser cultivada como una flor rara.

Este cultivo demanda atención, pero no sacrificio; exige presencia, pero no perfección. Es un proceso amoroso, hecho de pequeños rituales diarios que comunican al alma: "Estoy aquí, estoy entero, y elijo permanecer así." A medida que este nuevo estilo de vida se consolida, la persona comienza a experimentar no solo el alivio de la ausencia del clon, sino la emergencia de una fuerza vital antes reprimida. La creatividad retorna, los sentidos se agudizan, y la mirada sobre el mundo se transforma. Es como si el alma, ahora desobstruida, comenzara a ocupar plenamente los espacios internos que antes eran contaminados por voces ajenas, miedos proyectados o dolores cristalizados. En este nuevo estadio, se vuelve evidente que los cuidados finales no son medidas paliativas, sino puentes para una vida alineada al verdadero yo. Esa vida no estará exenta de desafíos, pero estará anclada en una lucidez que permite discernir entre lo que es parte legítima del ser y lo que es resquicio de viejas tramas. El autocuidado deja de ser una práctica puntual y se convierte en una forma de vivir, donde cada elección es una afirmación de pertenencia a sí mismo, y cada gesto diario, una oración silenciosa de permanencia en la luz.

Los cuidados finales no se refieren a gestos grandiosos o rituales complicados, sino a la adopción de un estilo de vida que priorice la coherencia energética. El primer pilar de este cuidado es la continuidad de las prácticas espirituales. El clon astral, por más disuelto que esté, dejará impresiones en el campo energético, como huellas en arena mojada. Meditaciones diarias, oraciones sinceras, uso de mantras o cánticos sagrados funcionan como mareas que apagan lentamente esos vestigios, restableciendo el flujo limpio de la energía vital.

La disciplina mental, en este contexto, se convierte en una herramienta de purificación. Pensamientos obsesivos, autocríticas severas o recuerdos constantes del clon deben ser acogidos con compasión y convertidos en aprendizaje. Cada vez que la mente intenta retornar al drama, es preciso redirigirla suavemente al presente. Técnicas de respiración consciente, atención plena y afirmaciones restauradoras pueden ser usadas en esos momentos. Frases como "Estoy en paz con mi pasado", "Soy entero ahora" y "Nada externo me gobierna" reprograman el subconsciente para mantener el nuevo patrón energético.

Otro cuidado esencial concierne al sueño. Durante el período de dominación del clon astral, muchas personas relatan perturbaciones nocturnas, pesadillas, sonambulismo o sensación de presencia. Después de la liberación, esas manifestaciones pueden cesar espontáneamente, pero también pueden persistir por inercia energética. Para garantizar un sueño reparador y protegido, es recomendable mantener un ritual nocturno de limpieza: baños leves con sal gruesa y hierbas, difusión de aceites esenciales como lavanda o cedro, uso de cristales de protección al lado de la cama (como la turmalina negra o amatista), y, sobre todo, la visualización de una luz blanca envolviendo el cuerpo antes de dormir. Pedidos simples como "Que mi alma permanezca protegida durante el sueño" funcionan como comandos en el plano sutil, blindando el desdoblamiento natural que ocurre en las horas de descanso.

El ambiente físico en que se vive también debe reflejar el nuevo estado vibratorio. Espacios desorganizados, con exceso de objetos, desorden o suciedad, favorecen la acumulación de energía densa — la misma que atrae formas-pensamiento y entidades oportunistas. La recomendación es promover una limpieza física y energética de los ambientes, abrir ventanas para renovar el aire, utilizar sahumerios periódicos con salvia, romero o incienso de mirra. Además, objetos heredados de personas con historial de desequilibrios, presentes de origen dudoso o ítems usados durante el período de influencia del clon pueden ser donados, purificados o descartados, conforme la intuición mande.

Las relaciones humanas también merecen atención. Durante el tiempo de actuación del clon, es común que se establezcan conexiones tóxicas —

amistades manipuladoras, vínculos basados en dependencia emocional, relaciones familiares o amorosas permeadas por control o chantaje. Después de la liberación, la persona pasa a ver con más claridad quién contribuye a su luz y quién insiste en reactivar patrones antiguos. Romper lazos tóxicos o establecer nuevos límites pasa a ser un gesto de protección espiritual. No es necesario agresividad —basta firmeza, claridad y priorización de la propia paz.

Desde el punto de vista físico, el cuerpo también necesita soporte. El clon astral, mientras estaba activo, comprometió centros energéticos vitales como el plexo solar, el cardíaco y el frontal. Por eso, después de la liberación, es natural sentirse agotado, confuso o incluso vacío. La respuesta es cuidar del cuerpo como si estuviera convaleciente de una larga enfermedad. Alimentación ligera, hidratación constante, caminatas al aire libre, terapias naturales (como masajes, acupuntura o Reiki) y suplementaciones que fortalezcan el sistema inmunológico pueden acelerar el proceso de reequilibrio. Evitar alcohol, alimentos industrializados, ambientes nocturnos densos o estímulos excesivos es recomendado hasta que el campo energético esté plenamente restaurado.

La constancia en los baños de hierbas también puede ser mantenida por algunas semanas. Mezclas con lavanda, albahaca, romero y manzanilla son suaves y promueven equilibrio. Caso la persona sienta necesidad de un refuerzo espiritual, puede recurrir a un baño con ruda y guinea una vez por semana, siempre finalizando con oraciones de agradecimiento y visualizaciones de luz.

Otro aspecto a ser observado con cariño es el emocional. Durante la convivencia con el clon, muchos sentimientos quedan distorsionados, bloqueados o exacerbados. Después de su remoción, es común que emociones antiguas resurjan —tristeza, rabia, miedo, culpa. Eso no significa recaída, sino que el cuerpo emocional se está recalibrando, liberando memorias para finalmente curarlas. En estos momentos, la recomendación es acoger el sentimiento sin identificarse con él. Decir a sí mismo: "Eso está saliendo a la superficie para ser curado" ya cambia la postura interna. Si es necesario, terapias de apoyo como psicoterapia, arteterapia, constelación familiar o regresión pueden auxiliar en la acogida de esos residuos emocionales.

Es fundamental también que se establezca un nuevo propósito de vida. El clon astral, en su actuación, tiende a succionar no solo energía vital, sino también sentido existencial. Muchos relatan que, mientras el clon estaba activo, perdían el interés por sus sueños, hobbies, estudios o misiones. Con su retirada, surge una especie de recomienzo. Esa es una oportunidad sagrada de revisar prioridades, rescatar proyectos antiguos, buscar nuevos caminos. No es preciso cambiar todo de una vez, sino retomar pequeños gestos que conecten con el alma: tocar un instrumento, escribir, danzar, rezar, caminar en silencio, servir a los otros de manera genuina.

Evitar hablar excesivamente sobre el clon o revivir su trama también es parte de los cuidados finales. Aunque sea natural querer compartir la experiencia, la repetición de la narrativa puede mantener activa la energía del pasado. Lo ideal es transmutar la vivencia en aprendizaje: guardar lo que fue útil, soltar lo que fue pesado, y seguir adelante. Si hay el impulso de relatar, que sea en ambientes terapéuticos o con personas preparadas para escuchar sin juicio, transformando la historia en sabiduría útil.

El cuidado más esencial de todos: cultivar la gratitud. Gratitud por el cuerpo que resistió, por el alma que gritó por socorro, por los guías espirituales que ampararon, por los rituales que surtieron efecto, y principalmente por sí mismo, que tuvo coraje de atravesar el desierto de la fragmentación para reencontrar la integridad. La gratitud es un sello de luz. Cada vez que se agradece, se cierra una puerta al sufrimiento y se abre una ventana a la cura. Esos cuidados finales no son meros postoperatorios. Son, en verdad, los primeros pasos de una nueva existencia — una vida sin clones, sin sombras proyectadas, pero llena de presencia, de centro y de libertad verdadera.

Capítulo 31
Liberación Completa

El punto culminante de un viaje espiritual marcado por la deconstrucción de patrones ilusorios, disolución de entidades parasitarias y reconexión con la esencia se alcanza cuando se establece, con plena conciencia, un estado de libertad interna inquebrantable. Esta liberación no es un evento espectacular, tampoco depende de validaciones externas o manifestaciones místicas. Se revela, silenciosamente, como una presencia entera, sin ruidos, sin sombras, sin ausencias. Se trata de la restitución plena del eje interior, cuando el alma, al fin, reasume el comando de su campo energético sin interferencias, réplicas o condicionamientos impuestos. El ser, ahora limpio y centrado, pasa a vibrar en su frecuencia original — aquella que siempre existió detrás de todas las capas, distorsiones y fragmentaciones que el tiempo y el dolor acumularon. En ese estado, no hay esfuerzo para ser quien se es; hay apenas el fluir natural de lo que siempre fue, libre de resistencias y autoengaños.

Con la desaparición definitiva del clon astral, el campo vibratorio se reconfigura en armonía con la matriz original del alma, restaurando no solo la identidad psicoespiritual, sino también la conexión con los ciclos naturales de la existencia. El cuerpo se vuelve más sensible a las sutilezas de la vida, la mente silencia gradualmente y los sentimientos asumen una tonalidad de verdad, espontaneidad y profundidad. La ausencia de conflictos internos permite que la energía vital circule con fluidez, impulsando no solo curas, sino creaciones. Nuevas ideas surgen, antiguos sueños son retomados, y un entusiasmo sereno por la vida se instala. La intuición se apura, revelando con claridad los caminos del alma. Y, con ella, viene la sabiduría de no resistir más al flujo, sino de danzar con él.

Esta armonía interna se traduce en decisiones más asertivas, relaciones más auténticas y una postura de presencia que irradia paz incluso en medio del caos externo. Lo que se establece, al fin, es una nueva conciencia de sí: una percepción expandida que comprende la profundidad de la propia travesía y reconoce, con humildad y lucidez, el papel del dolor como instrumento de despertar. El clon, por más disfuncional que haya sido, sirvió como espejo para revelar lo que necesitaba ser mirado, acogido y curado. Superarlo es, en última instancia, trascender antiguos pactos con el miedo, la culpa o el olvido de sí. Y, al alcanzar ese punto de claridad y soberanía, el ser no retorna a lo que era antes —nace para una nueva versión de sí mismo, más integrada, más lúcida, más libre. La verdadera liberación no es solo el fin de una prisión invisible; es el inicio de una vida en que cada gesto, palabra y pensamiento están alineados con la verdad del ser. Es la madurez del alma asumiendo su lugar en el mundo —sin ruidos, sin velos, y con la firmeza silenciosa de quien, al fin, volvió a casa.

Esta liberación no es solo la ausencia del clon. Es, sobre todo, la presencia total del yo. Un estado en que el individuo no se divide más entre fuerzas internas conflictivas, voces disonantes o impulsos contradictorios. La energía vital vuelve a fluir sin desvío, como un río que reencuentra su lecho original después de años represado por un obstáculo invisible. Y cuando esa energía se restablece, todo florece: la claridad mental, el vigor físico, la estabilidad emocional y, principalmente, la soberanía espiritual.

En este punto del viaje, es común que el individuo experimente una serie de sensaciones inusitadas. Una de ellas es la ligereza. Como si el cuerpo, por dentro, hubiera sido vaciado de un peso antiguo, ancestral. Los hombros se relajan, el corazón se aquieta, la respiración se vuelve amplia. Dormir deja de ser una fuga y pasa a ser reposo. Despertar deja de ser una batalla y se transforma en un reencuentro. Hay un ritmo que se restablece, como si la vida danzara nuevamente al compás correcto.

Otro señal de la liberación completa es el retorno de la identidad genuina. La persona comienza a recordar quién era antes de las interferencias. Retoma gustos olvidados, habilidades descuidadas, deseos antiguos que parecían apagados. Pero más que eso: pasa a descubrir nuevos aspectos de sí, talentos que estaban adormecidos bajo el peso de la duplicidad energética. Es como si, al eliminar el clon, el espacio ocupado por él fuera ocupado por una nueva chispa creativa, ahora alineada con la verdadera esencia.

La intuición también se expande. Sin el ruido vibratorio del clon actuando como una antena disonante, la persona comienza a oír su voz interior con más nitidez. Las decisiones se vuelven más fáciles, las señales más claras, las sincronicidades más frecuentes. Es como si el universo volviera a responder en tiempo real, como si los caminos se abrieran con fluidez, pues no hay más bloqueos internos boicoteando los deseos legítimos del alma.

Pero quizás el aspecto más profundo de la liberación sea el empoderamiento. La percepción de que, por más que haya habido auxilio externo —de médiums, chamanes, terapeutas o mentores—, fue la propia alma la que eligió liberarse. Fue la propia conciencia la que dijo: basta. Ese reconocimiento es transformador. La persona deja de verse como víctima de fuerzas invisibles y pasa a comprenderse como cocreadora de su realidad. Ese cambio de postura es el verdadero antídoto contra futuras formaciones de clones u otras formas de parasitismo energético.

La liberación completa también trae consigo un sentido de misión. No se pasa incólume por una experiencia como esa. Sobrevivir a un clon astral es atravesar el propio infierno íntimo, mirar en el espejo y encarar no solo lo que fue creado por fuerzas externas, sino también lo que fue alimentado internamente. Esa inmersión trae madurez, discernimiento y compasión. Y muchos que llegan a ese punto sienten una llamada casi natural para auxiliar a otros. No como salvadores, sino como testigos vivos de que la liberación es posible. De que la luz es real. De que el alma puede reintegrarse.

Algunos optan por estudiar más profundamente el universo espiritual, sumergiéndose en escuelas esotéricas, líneas de cura energética, prácticas ancestrales. Otros se convierten en terapeutas, mentores o apenas ejemplos silenciosos. El camino no importa. Lo que importa es la semilla de lucidez plantada en el centro de la conciencia: una vez liberto, el ser pasa a irradiar un campo de cohesión tan potente que su simple presencia desestabiliza energías disonantes alrededor. Se convierte en un foco de orden vibratorio en un mundo frecuentemente caótico.

Pero la liberación también trae responsabilidades. La principal de ellas es mantenerse centrado. El clon, incluso disuelto, puede intentar reinstalarse a través de patrones antiguos, especialmente si la vigilancia disminuye. No por fuerza propia, pues él ya no existe, sino por la tendencia natural de la psique humana de recrear zonas de confort, aunque esas zonas sean nocivas. Por lo tanto, mantener hábitos saludables, rutinas de limpieza energética y prácticas de autoconocimiento no es opcional —es parte de la nueva vida.

Otra responsabilidad es con la verdad. El ser liberto necesita ser honesto consigo mismo, abandonar máscaras, asumir su luz y su sombra con humildad. Fingir ser quien no es, o intentar agradar a patrones externos en detrimento de la propia esencia, son puertas abiertas para nuevas fragmentaciones. La integridad, en este estadio, no es moralismo —es supervivencia energética.

La vida, después de la liberación completa, gana otra textura. Pequeños placeres se vuelven intensos: el sabor del agua, el calor del sol, la presencia silenciosa de un animal, el abrazo sincero de alguien que ve el alma más allá de la apariencia. Todo parece más real, porque no hay más filtros interfiriendo en la percepción. Es como si el velo hubiera sido levantado, y la persona, al fin, estuviera viviendo de dentro hacia fuera, en armonía con su eje central.

Muchos, al llegar a ese punto, se preguntan: ¿por qué necesité pasar por todo esto? Y aunque no haya respuesta única, hay un sentimiento común: fue necesario. El clon, por más terrible que haya sido, sirvió como catalizador de un proceso mucho más profundo —el proceso de despertar. Sin él, quizás el alma continuara adormecida, dispersa, dividida entre papeles y obligaciones que no dialogaban con la verdad interior. El clon fue el espejo distorsionado que obligó al ser a buscar su imagen original. Esa percepción no justifica el sufrimiento, pero lo resignifica. El dolor se vuelve maestra. El miedo se vuelve brújula. La pérdida se vuelve portal. Y, al fin, lo que parecía una pesadilla se revela como un rito de paso: del falso yo al yo verdadero. De la fragmentación a la integridad. De la supervivencia a la vida plena.

La liberación completa es, pues, el ápice de un viaje iniciado muchas veces sin conciencia. Un viaje que pasó por sombras densas, por laberintos emocionales, por combates invisibles, por noches en vela y lágrimas silenciosas. Pero que termina —o tal vez comienza— con una certeza luminosa: el alma volvió a casa. Y dentro de esa casa, ahora limpia, íntegra y silenciosa, ella puede, al fin, reposar... y vivir.

Epílogo

A lo largo de estas páginas, has recorrido caminos invisibles, te has sumergido en las múltiples capas del ser y, quizás por primera vez, has visto reflejado con claridad el rostro de tu sombra: el clon astral. Este reflejo, muchas veces ignorado o temido, fue expuesto aquí con honestidad, profundidad y coraje. Has comprendido que puede nacer de traumas reprimidos, de emociones sostenidas con intensidad, de prácticas espirituales mal conducidas —y, sí, también puede ser arquitectado por fuerzas externas con intenciones ocultas. Pero más importante que saber *cómo* nace, es comprender *por qué* permanece. El clon astral existe mientras exista desequilibrio. Es la respuesta del universo interno a una pregunta no hecha. Es el eco de un grito no oído. Es el símbolo vivo de partes tuyas que fueron dejadas atrás.

Ahora, al llegar al fin de esta lectura, una nueva etapa se inicia: la de la reintegración. No se trata de eliminar o destruir. El camino más elevado no es el de la violencia contra sí mismo, sino el de la lucidez amorosa. La disolución del clon astral no es una batalla —es una cura. Es el momento en que reconoces el origen de lo que parecía ser un enemigo, y ves en él un fragmento de tu propio ser, intentando sobrevivir al margen de tu conciencia.

Has aprendido que todo vibra. Todo se moldea. Y todo lo que fue creado en el plano astral puede ser transformado. El clon no es inmutable. Responde a tus elecciones, a tu atención, a tu mirada despierta. Y cuanto más te conoces, menos necesita existir.

Pero este viaje no termina aquí. Este epílogo no es un punto final —es una apertura. Porque, ahora que posees el conocimiento, la responsabilidad es tuya. No vivir más en estado automático. No entregar más tu energía a la repetición de dolores antiguos. No permitir más que fuerzas externas manipulen fragmentos de tu alma sin tu permiso. La conciencia es tu espada y tu cura. El conocimiento, tu armadura luminosa. La práctica espiritual, el camino que reintegra lo que fue disociado.

También has descubierto que la existencia del clon astral es una llamada —un recordatorio de que hay partes tuyas olvidadas, heridas, adormecidas. Y cada una de ellas pide atención, no para dominar, sino para ser curada. Al reconocer esas partes, no te debilitas —te vuelves entero.

Y esa integridad lo cambia todo. Cambia la forma en que piensas, sientes y te relacionas. Cambia los patrones energéticos que emites. Cambia la calidad de tu presencia en el mundo. Porque un ser integrado no es dominado por el miedo, la culpa o el autojuicio. Es guiado por la claridad, por la intuición y por el amor propio profundo.

Si algo en ti se movió durante esta lectura —si reconociste síntomas, si sentiste inquietudes, si accediste a memorias olvidadas— sábelo: ya has iniciado el proceso de disolución. Porque *ver* al clon es el primer paso para desactivar su poder. Aquellos que viven bajo la influencia de réplicas astrales inconscientes muchas veces no tienen idea de que cargan dentro de sí un campo de distorsión vibracional. Actúan, sienten y deciden bajo el comando silencioso de una parte fragmentada. Pero tú ya no eres uno de esos. Has visto. Has sabido. Te has liberado.

¿Y ahora? Ahora es el tiempo de la práctica. De mantener la vigilancia interna. De cultivar emociones puras. De elegir pensamientos alineados con lo que realmente deseas ser. De filtrar con sabiduría lo que entra en tu mente, lo que sale de tu boca y lo que pulsa en tu corazón. Eres el centro de tu campo energético. No hay entidad más poderosa en tu vida que tu propia conciencia despierta. Ni obsesores, ni magos negativos, ni egrégores colectivos tienen fuerza mayor que la de un ser que se conoce y se ama por entero.

Y cuando eso sucede, el clon astral —que ya no encuentra alimento vibracional— comienza a debilitarse. Retorna a la fuente. Se disuelve en el éter. Y lo que era sombra se vuelve fuerza. Lo que era dolor se vuelve sabiduría. Lo que era fragmento se vuelve luz integrada.

En este punto, no solo te curas —te transformas en un canal de cura para el mundo. Porque quien se reintegra, irradia. Quien se reconoce, inspira. Quien se libera, despierta a otros. Por eso, este libro no termina en ti. Continúa en las miradas que encontrarás, en las conversaciones que tendrás, en las elecciones que harás. Tu presencia cambiará. Tu campo vibrará diferente. Y el mundo, aunque sutilmente, se transformará contigo.

    El viaje del espejo oculto es, en el fondo, el viaje del retorno al hogar interior. Y ahora, al cerrar estas páginas, sabes: el verdadero hogar nunca estuvo fuera. Siempre estuvo ahí —en el centro silencioso de tu conciencia.

www.ingramcontent.com/pod-product-compliance
Lightning Source LLC
LaVergne TN
LVHW041921070526
838199LV00051BA/2688